BUSINESS FRAMEWORK MIRUDAKE NOTE

仕事のアイデア出し&
問題解決にサクっと役立つ！

ビジネスフレームワーク 見るだけノート

グロービス経営大学院教授
嶋田 毅 監修

仕事の
アイデア出し＆
問題解決に
サクっと役立つ！

ビジネス
フレームワーク
見るだけ
ノート

グロービス経営大学院教授
嶋田毅 監修

宝島社

はじめに

知っているのといないのでは
大きな差がつくフレームワーク

　ビジネスの現場で分析や意思決定、アクションを取るうえで役に立つのがビジネスフレームワーク（枠組み）です。フレームワークは先人の知恵ともいえるものであり、それを状況にあわせて活用することで、仕事を大幅に効率化できます。経営大学院（ビジネススクール、ＭＢＡ）でも、通常２年間で数百のフレームワークを学びます。

　本書は、著名なビジネスフレームワークの中から、通常のビジネスパーソンにとっても馴染みやすく使いやすいものを選んで紹介するものです。海外の学者やコンサルタントが考案したものもあれば、日本企業の現場で生まれてきたものもあります。

　本書の特徴は２つあります。１つは、知っているだけで何も知らないより大きな差がつくものばかりだということです。若い人はもちろん、経験を多く積んだビジネスパーソ

ンなら体感的に知っていること、あるいはどこかで聞きか
じったことでも「なぜそうなるのか?」「どんな時に使え
ばいいのか?」と基本に立ち返ることできるため、感覚で
はなくより実践的に使えるようになります。

　２つめは、「見るだけノート」シリーズの特徴であるイ
ラスト例。テキストだけでは覚えにくいものも、イラスト
解説なら記憶に定着しやすいということです。特にビジネ
スフレームワーク初心者や文字が多い本で挫折した経験が
ある方にとっては非常に向いているといえるでしょう。

　最後に１つ気を付けてほしいことがあります。それは、
フレームワークは「こういうときには、こうすればいい」
という解を自動的に出してくれる万能薬ではないというこ
と。条件や背景などの理解が正確でないと回違えた答えに
つながることがあるので注意してください。

　前述の通り、本書のビジネスフレームワークは全体の一
部であり、変化する時代にあわせて新しいフレームワーク
も次々と生まれています。ご興味のある方は、本書をきっ
かけに、ぜひ他のフレームワークや経営学全体にも関心を
寄せ、学んでください。

嶋田毅

仕事のアイデア出し＆問題解決にサクっと役立つ！

ビジネスフレームワーク 見るだけノート

Contents

はじめに ……………………………………… 2

chapter01
問題発見＆解決のためのフレームワーク

01 8つの問いを用いて問題を特定する
6W2H ………………………… 10

02 「なぜ？」で根本的な原因を突き止める
なぜなぜ分析 ………………… 12

03 仕事の優先度を決めるキーとなる貢献度とは
貢献度　優先度 ……………… 14

04 緊急度と重要度で仕事の優先度を明確にする
緊急度／重要度マトリクス ………… 16

05 それぞれの根拠を数値化して方針を決定する
意思決定マトリクス ………………… 18

06 問題の意味を知り解決のアプローチを探る
As is / To be　ギャップ分析 ……… 20

07 要因を洗い出して解決すべき本質を見つける
特性要因図　フィッシュボーンチャート …… 22

08 問題に対して理由を深掘りしていく
ロジックツリー ……………… 24

09 全体の流れを悪くしている原因を突き止める
ボトルネック分析 …………… 26

10 目標を立てただけに終わらせないタイムマシン法
タイムマシン法 ……………… 28

11 ほかの人のアイデアをもとに発想を広げる
ブレインライティング ……… 30

12 1つのキーワードから8の倍数分アイデアを増やす
マンダラート ………………… 32

13 新しい発想を生み出すために物語をつくるフレームワーク
シナリオグラフ ……………… 34

14 定番の9つの質問で新たな視点を見つけ出す
オズボーンのチェックリスト ………… 36

15 自分のイメージをほかの人と共有して実現する
アイデアシート ……………… 38

16 理想のストーリーを4コマにまとめてみる
ストーリーボード …………… 40

17 選択するときはメリットと
デメリットで比較する
プロコン表 ………… 42

18 アイデアをマップに落とし込み
実現できるものを見つける
ペイオフマトリクス ………… 44

column01
フレームワークを理解するために
覚えておきたい！
ビジネス用語集〜第1章〜 ………… 46

chapter02
マーケティングの
フレームワーク

01 社会の変化を予測して
将来の戦略を立てる
PEST分析 ………… 50

02 対象顧客を明確にする
セグメント化とターゲティング
セグメント化　ターゲティング ………… 52

03 ブルーオーシャンを
見出すための分析ツール
戦略キャンバス ………… 54

04 自社の製品サービスの
顧客への認知度を知る
認知率分析 ………… 56

05 自社の経営環境を
4つの要因で分析する
SWOT分析 ………… 58

06 お得意様をつくるのが
重要になる理由
顧客ロイヤルティ分析 ………… 60

07 よいブランドであることが
資産的価値を持つ
ブランド・エクイティ ………… 62

08 重要な役割を果たす
上位の要素を見つけ出す
パレート分析 ………… 64

09 製品が市場に登場して
消えるまでの流れを知る
プロダクト・ライフサイクル（PLC）
………… 66

10 製品が顧客に受け入れられ
ていく過程を分析する
イノベーター理論　キャズム ………… 68

11 既存顧客を切り分けて
マーケティングに生かす
RFM分析 ………… 70

12 誰に何を売るのかを練る
ための分析フレームワーク
STP ………… 72

13 自社の立ち位置を明確にして
優位に立てる場所を選ぶ
ポジショニングマップ ………… 74

14 自社製品のマーケティングで
欠かせない4つの要素
4P分析 ………… 76

15 顧客の購買プロセスを知り、
販売戦略に生かす
AIDA　AIDMA ………… 78

16 自社の経営資源の強みを知り、
生産から販売まで幅広く生かす
コア・コンピタンス分析 80

column02----------------------------
フレームワークを理解するために
覚えておきたい！
ビジネス用語集〜第2章〜 82

chapter03
戦略を
練るための
フレームワーク

01 ピラミッド原則でロジカルな
主張を組み立てる
ピラミッド原則 86

02 2つのものごとの関係性を
分析するフレームワーク
相関分析 88

03 購買動機を分析して
戦略立案に生かす
KBF分析 90

04 他社の実力を知り、
自社が勝てる道を探る
彼我分析 92

05 現在の状況を
3つの視点で分析
3C 94

06 参入する業界を分析する
基本のフレームワーク
5フォース分析 96

07 自社が優位に立ち回れる
市場を見つけ出す
アドバンテージ・マトリクス 98

08 自社の経営資源の
有効性を見極める
VRIO分析 100

09 価値を生む主活動とサポート
活動を分析して長所を伸ばす
バリューチェーン分析 102

10 競争で優位に立つ方法を
コストと範囲の面で判断する
3つの基本戦略 104

11 企業の経営資源の基本である
ヒト、モノ、カネを分析する
3M 106

12 自社の経営戦略をもとにした
ビジネスモデルを考察する
ビジネスモデル 108

13 弱者でも生き残れる
戦略を学ぶ
ランチェスターの法則 110

14 事業や商品の業界内での
ポジションを明らかにする
プロダクト・ポートフォリオ・
マネジメント（PPM） 112

15 事業の成長・拡大を考える
ブレストツール
アンゾフの成長マトリクス 114

16 SWOTの4項目を使って
選ぶべき戦略を見つける
クロス SWOT ················ 116

17 ビジネスモデル・キャンバスで
発想をビジネスモデルに育てる
ビジネスモデル・キャンバス ········ 118

18 ヒト・モノ・カネの3Mの
関係性と流れをつかむ
スキーム図 ················ 120

19 プロジェクトやタスク管理に
便利なガントチャート
ガントチャート ················ 122

20 事業を効率よく進めるために
組織図をつくる
組織図 ················ 124

21 目標を達成するまでの道のりを
ロードマップに落とし込む
ロードマップ ················ 126

22 目標達成のために
何をすべきか
可視化できる分析ツール
KPI ツリー ················ 128

23 目標はあいまいではなく
挑戦的なものにする
SMART ················ 130

column03
フレームワークを理解するために
覚えておきたい！
ビジネス用語集〜第3章〜 ········ 132

chapter04
組織を
マネジメントする
フレームワーク

01 次に生かすために
業務を振り返る
KPT ················ 136

02 業務を改善するための
サイクルを回す
PDCA ················ 138

03 業務を仕分けして整理する
業務棚卸シート ················ 140

04 仕事の流れを
書き出して整理する
業務フロー図 ················ 142

05 仕事の進捗を管理する
PERT図
PERT　遂行評価レビュー技法
················ 144

06 責任や役割を明確にして
共有する
RACI ················ 146

07 効率の悪い業務を見つけ出す
ダラリの法則
ダラリの法則　ムダ、ムラ、ムリ
················ 148

08 組織が一丸となって
動くための職場環境づくり
5S ………… 150

09 ヒヤリ・ハットを分析して
事故を未然に防ぐ
ハインリヒの法則 ………… 152

10 業務を効率化するための
4つの原則
ECRS ………… 154

11 現場の気づきを
拾い上げて生かす
業務改善提案シート ………… 156

12 会社の存在意義と
目的を共有する
ミッション・ビジョン・バリュー …… 158

13 希望・実現性・必要性で
やりがいのある仕事を見つける
Will・Can・Must ………… 160

14 組織のニーズと従業員の
欲求の視点で仕事を分析する
Need・Want マトリクス ………… 162

15 自分も知らない自分を
気づかせてくれるジョハリの窓
ジョハリの窓 ………… 164

16 モチベーションの根源を知り
従業員のやる気を引き出す
欲求階層説 ………… 166

17 メンバー同士の協力を促す
組織づくりのフレームワーク
ウォント／コミットメント ………… 168

18 リーダーに求められる
資質を学ぶ
PM理論 ………… 170

19 組織のキーマンを見つけ出し
問題を解決する
ステークホルダー ………… 172

20 メンバーの目標達成をサポート
してやる気を引き出す
GROWモデル ………… 174

21 マーケティング戦略を含めて
商品企画書をつくる
商品企画書 ………… 176

22 目的を明確にして
イベントを企画する
イベント企画書 ………… 178

23 話を正確に伝えるための
会話の組み立て方
PREP ………… 180

24 理想と現実のギャップから
プレゼンの構成を考える
TAPS ………… 182

column04
フレームワークを理解するために
覚えておきたい！
ビジネス用語集〜第4章〜 ………… 184

掲載用語索引 ………… 187

主要参考文献 ………… 190

chapter
01

問題発見&解決の
ためのフレームワーク

ビジネスの現場においては、
問題は早めに発見して解決しなくてはいけません。
どこに問題があり、どのように解決するべきか
フレームワークに当てはめてみると
その答えが見つかりやすくなります。

KEY WORD ➡ ☑ **6W2H**

01 8つの問いを用いて問題を特定する

絡み合った問題を整理し、
多面的に考察して定義できるフレームワークです。

問題を明らかにしたいときは **6W2H**。ものごとを具体的に表現することで、思考整理の助けとなる技法が「6W2H」です。義務教育で習う When（いつ）、Where（どこで）、Who（誰が）、What（何を）、Why（なぜ）、How（どのように）の6つの疑問詞「5W1H」に、Whom（誰に）、How much（いくらで）を加えるもので、8つの問いに答えることで、問題を具体的に定義することができます。絡み合ったものごとやテーマ、問題、課題などを整理し、多面的に考察するときに有効なフレームワークです。

6W2Hで問題を特定する

最初に、問いのテーマを決め、フォーマットの中央部に書き込み、次に周りを囲むマス目に「When」「Where」「Who」「Whom」「What」「Why」「How」「How much」の問いかけの言葉を書き入れ、それぞれの問いかけに答えると問題が具体的になっていきます。

この**プロセス**で、考えている「つもり」になっている部分や情報の偏りが明確になり、より本質的な問題点を浮かび上がらせることができます。

問いに対してさまざまな角度から「ヌケなく、モレなく」記入する形なので、思考の枠を広げてそれまで気づいていなかった視点を得ることができるようになります。

KEY WORD → ☑ なぜなぜ分析

02 「なぜ？」で根本的な原因を突き止める

問題の根本的な原因を明確にして、
取り除くために問いを繰り返す思考法です。

問題を解決するためには、原因を正確につかむ必要があります。問題に対して「なぜ？」と繰り返し問いかけることで、真の原因を明らかにする手法が「**なぜなぜ分析**」です。

問題の表層だけを見て対策を行うと、その場では解決したように見えても、問題が再発・拡大しかねません。問題の奥深くにある根本的な原因を明確にしたうえで、それを取り除くための対策を立てることが重要です。このフレームワークで「なぜ？」と問いかける習慣をつけることで深く思考するトレーニングになります。

「なぜ？」の繰り返しで問題の根源を見つける

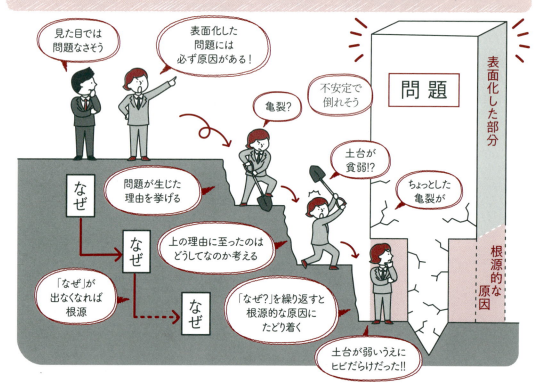

なぜなぜ分析の手順は問題の設定から始まります。その際、問題は具体的な内容1つに絞って始めるのが一般的な方法です。「それはなぜか？」で理由を提示し、そこからさらに「なぜ？」でその理由に至ったさらなる理由を探る、を繰り返していきます。「なぜ？」の理由がなくなるまで続けると根源的な原因が浮かび上がります。

途中で2つ以上の理由が出てきたときは、枝分かれしたその先の理由を探っていきます。そうやって枝分かれした先でも「なぜ？」の理由がなくなるまで続けると、問題に至った原因がわかります。最初の設定で問題を1つに絞っておかないと、この枝分かれが多くなりやすいので、最初の問題設定が非常に大切なのです。

発注ミスにも「なぜなぜ分析」

KEY WORD → ☑ 貢献度　優先度

03 仕事の優先度を決める キーとなる貢献度とは

効率よく仕事を行うためには貢献度の高い仕事を
見極めて優先させることが大切です。

ビジネスの現場では、より少ないコストで最大の結果を出すことが求められます。しかし、課題に着手する場合には時間やお金、材料の供給、人的資源などに必ず制約があります。その中で最大の効果を出すためには、最も**貢献度**の高いものから着手することが基本です。そのためにも、**優先度**を決めることが戦略を立てるうえで非常に重要になります。

ただし、「貢献度」というのは場面（目的や状況）によって変わります。前回成功したといっても、次に同じやり方が通用するとは限らないので注意しましょう。

貢献度の低い仕事より高い仕事

●貢献度が低い仕事
急ぎでもなくさほど重要でもない仕事

●貢献度が高い仕事
緊急かつ重要な仕事を優先して行う

優先順位を決定するには、課題の全体像を見渡して、すべての選択肢を一望して検討することが第一歩となります。目の前の問題を至急解決したい場合には「緊急度／重要度マトリクス」（P16）がいいでしょう。また、複数の条件を比較検討したい場合には「意思決定マトリクス」（P18）が適しています。このように状況と目的に応じて、最適なフレームワークを選択することで、優先順位の決定を効率的に行えます。

同じ課題に対するときも、立場やタイミングなどによって優先順位は変化します。そのため、貢献度が最も低い課題は、あえて「やらない」という選択をするというのも1つの方法だと覚えておきましょう。

状況により変わる貢献度

KEY WORD → ☑ 緊急度／重要度マトリクス

緊急度と重要度で仕事の優先度を明確にする

仕事の優先度を判断するため、
2軸でものごとを考えるマトリクス型の分析法です。

緊急度／重要度マトリクスは、優先順位の判断で使われることが多い非常に便利なフレームワークです。「緊急度」「重要度」の2つの軸を置き、その度合いに合わせて課題を**プロット**していきます。そうすると、次の4つに課題を分類することができる**マトリクス型**の分析法です。

最も優先順位が高いのは「緊急度」「重要度」がともに高いもの。次に大切なのが「重要度」が高く「緊急度」が低いもの、「重要度」は低いが「緊急度」が高いもの、「重要度」「緊急度」がともに低いものの順に、明確に切り分けることができます。

優先順位を決めないとミスにつながる

緊急度と重要度がともに高いものは、最優先で取り組むべき**タスク**。重要顧客へのクレーム対応や事故対応など、期限が迫った仕事が該当します。重要度は高いが緊急度が低いものは、新規顧客の開拓や業界研究など、重要だが緊急ではない仕事です。しかし、ここを後回しにしていると、緊急度も上がっていき、最優先タスクに育っていきます。

次が、緊急度は高いが重要度は低い仕事で、突然の来客対応や電話対応など放置はできないこと。重要度は高くないのにすぐに対応しなくてはいけないタスクです。

最後が、緊急度も重要度も低い仕事。対価が発生しない待ち時間や移動時間などで、業務上は重要ではないことです。ここに時間を取られるのはムダなので減らすべきでしょう。

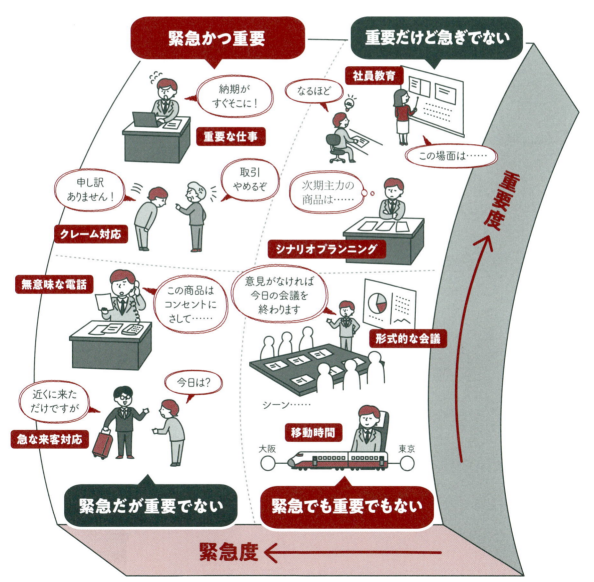

KEY WORD → ☑ 意思決定マトリクス

それぞれの根拠を数値化して方針を決定する

個人の主観による根拠を数値で表すことで、客観的な判断が可能になるツールです。

意思決定マトリクスは、問題を解決できる可能性がある複数のアイデアを、重要度が違うさまざまな基準を使って評価するためのフレームワークです。

縦軸に「選択肢」、横軸に「評価基準」を並べた表をつくり、両方が交わった欄に評価結果を書き込んでいくという方法を取ります。

複数の選択肢をその重要性で評価し、最も評価が高いものを選ぶことで合理的な結論が得られるフレームワークです。

バラバラの主張を客観的に判断するには

意思決定マトリクスを使うには、最初に評価の対象を整理します。取り組みたい課題などを複数選び、縦軸に並べます。

次に、評価項目と**重み（ウエイト）**を設定します。重みとは、その項目をどれだけの比重で点数化するかということです。例えば、5段階評価で「実現性」は1倍で「将来性」は3倍とする、というように、重要な面はほかよりも倍率を高くします。

すべての項目に点数が記入されたら、重みを積算して集計。その総合評価は点数として可視化されるので、より明確に意思決定へとつながります。直感的な結果とズレを感じる場合は、そのズレについて検討をすると重み設定時には想定外だったことも見つけられます。

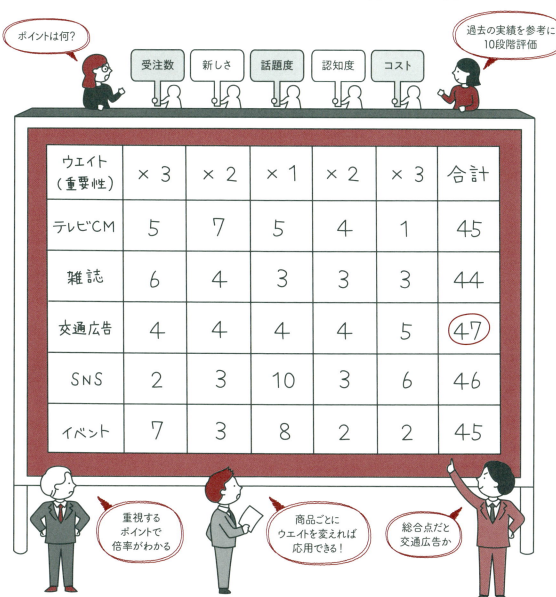

KEY WORD → ☑ As is/To be　ギャップ分析

問題の意味を知り
解決のアプローチを探る

問題解決の第一歩となるのが、
解決するべき課題を明確にすることです。

As is/To be は、解決するべき問題を正確に把握するためのフレームワークです。
最初に、「現状（As is）」をできるだけ正確に把握し、そのうえであるべき姿である「目標・理想（To be）」を明らかにします。
「現状」「目標・理想」の2つを対比させることで、現状と目標・理想のギャップがわかります。このギャップをなくすための施策を考えて実行することで、問題解決を行うことから**「ギャップ分析」**とも呼ばれます。

As is（現状）を把握する

問題とは、目標・理想と現状の「ギャップ」であり、ギャップをなくし目標・理想に近づけることが問題解決です。

発見した問題をより明確に定義づけるため、「いつの問題か（時間／Period）」「どこの問題か（空間／Perspective）」「誰の問題か（立場／Position）」という3つの問いかけと、「何のための問題か（目的／Purpose）」を含めた「問題発見の4P」を用いると、より課題がわかりやすくなります。

この分析により、行動すべきことを明確化し、問題解決の指針を示すことができるようになります。

To be（目標・理想）を明確にしてプロセスを考える

KEY WORD → ☑ 特性要因図　フィッシュボーンチャート

07 要因を洗い出して解決すべき本質を見つける

問題が起きたときは「次は気を付けよう」で終わらせず原因を特定することが大切です。

問題の要因を徹底的に洗い出す手法として、**特性要因図**は強力なフレームワークです。
問題の真の原因がどこにあるのかを突き止めるため、それぞれの要因をモレなく挙げ、さかのぼっていく手法です。日本の生産管理の現場で用いられてきたツールで、工学の石川馨博士が考案しました。
浮かび上がった問題それぞれに対策を打つことで、個別の解決につなげることができます。すべての問題をさかのぼりながら原因を細分化し、網羅的に追求することができます。

問題の再発を防ぐには

特性要因図は特徴的な形をしています。まずは、右端に検討する問題を置き、それが起きる主な要因をモレなく列挙していきます。次に、その主要因の発生要因をそれぞれ挙げていきます。これを繰り返して、できるかぎり細分化していくと、最後は魚の骨のような形になるので「**フィッシュボーンチャート**」とも呼ばれます。

特性要因図はトヨタ自動車で行われている問題発見のプロセスである「なぜを5回繰り返せ（**5-WHY**）」をより体系的に行うものです。大変便利なフレームワークですが、要因同士が関連しているときには使いにくいので、注意が必要です。

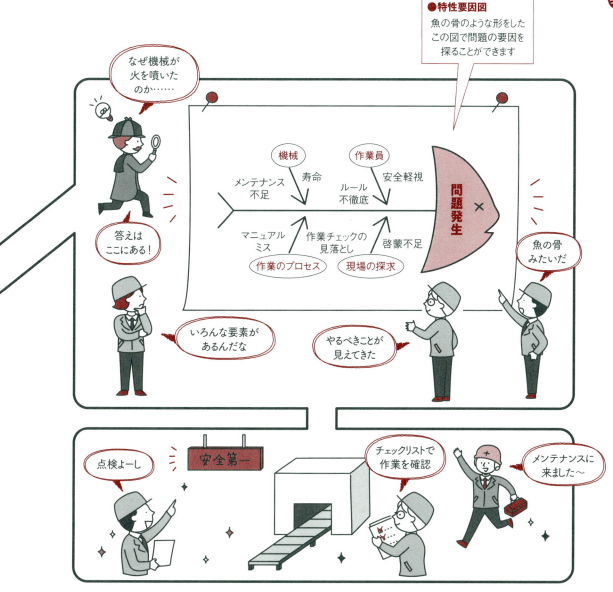

●特性要因図
魚の骨のような形をしたこの図で問題の要因を探ることができます

KEY WORD → ☑ ロジックツリー

08 問題に対して理由を深掘りしていく

問題に対して原因を複数挙げ、
さらにその下にも理由をつなげていく要因究明法です。

ロジックツリーは、検討すべきことを複数の要因に分解して、ツリー（ピラミッド）図に表したもので、要因をすべて洗い出して重要なものを選択する場面で役に立つフレームワークです。複数の要因が絡み合って問題を引き起こしているときなど「なぜなぜ分析」（P12）では対応できない場合にも有効です。

問題解決で、本質的な問題がどこにあるのか（Where）の絞り込みや、どのような解決策（How）があるかを幅広く考える際にも役に立ちます。

問題解決の方法が必ず見つかる

例えば、問題として「我が家の貯蓄が増えない」という場合は、①問題「我が家の貯蓄が増えない」を左端、または最上部に置きます。②なぜその問題が起こるのかの要因を考えます。「収入が少ない」「ムダ遣いが多い」など、大雑把な要因を2〜3個考えるのがポイントです。③「なぜ収入が少ないのか」と、再び「なぜ？」を繰り返し、さらに細かい要因を考えます。この作業をほかの要因にも繰り返します。④列挙した要因から重要なものを選びます。ロジックツリーは、展開したツリーの選択肢の中に答えやヒントが必ず含まれているのが完成の条件です。ただし、このフレームワークはたくさんの問題解決法を挙げることはできますが、自動的に最善の選択肢を選べる方法ではないことに注意が必要です。

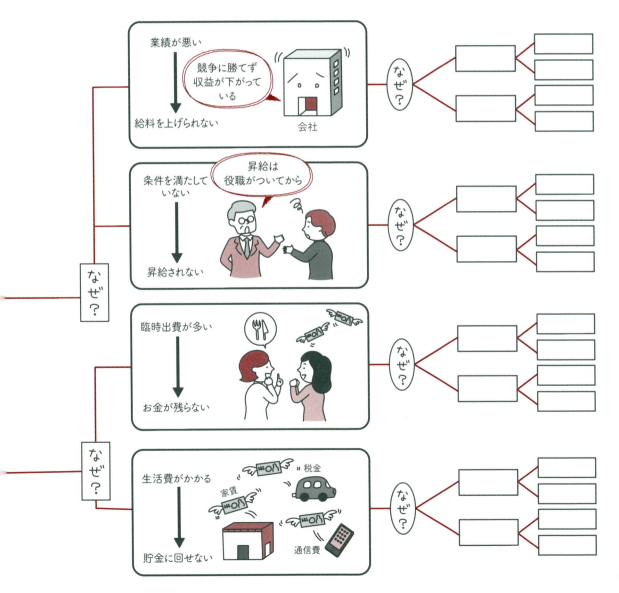

KEY WORD → ☑ ボトルネック分析

09 全体の流れを悪くしている原因を突き止める

全体の稼働率を下げている部分を改善することで
効率を上げることができます。

ボトルネックとは、瓶の首の細くなった部分のことです。これになぞらえて、システム全体の中で流量や生産性を限定して（絞って）しまう部分のことをボトルネックと呼びます。
ボトルネックが発生している場所と、その改善方法を探るためのフレームワークが**ボトルネック分析**です。プロセスの中でどこが処理能力が低く、ボトルネックになっているかを発見して解消することで生産性が改善されます。
1カ所でもボトルネックがあると、トータルの稼働率を下げてしまうため、発見と解消は重要です。また、一番の問題を解消したときに次のボトルネックになる部分を探しておくことも重要です。

一番効率が悪いプロセスを見つけ出す

ボトルネックが複数のプロセスのどの部分にあるかは、プロセスの処理能力と稼働率の分析から割り出します。具体的には、稼働率を100%としたときの各プロセスの実際の稼働率を算出して、処理能力が最も低い部分（ボトルネック）を割り出します。

ボトルネック分析を行う際には、キャパシティの設定はすべてのプロセスで前提条件を揃えることが重要です。前提条件にバラツキがあると同レベルで比較することができなくなってしまうからです。

離れた場所や部署をまたぐプロセスの分析では、どのレベルが正常なフル稼働の基準なのかを事前にしっかり擦り合わせておくことも重要です。

KEY WORD → ☑ タイムマシン法

10 目標を立てただけに終わらせないタイムマシン法

明確な期日を決めることで漠然としていた
目標への道筋をつける方法です。

タイムマシン法とは、タイムリミットを設けて理想を実現していく問題解決手法です。目標の実現を現在からN年後と設定し、N／4年後、N／2年後など目標までのチェックポイントを設けます。理想を実現するためにはN／2年後（半分の地点）にはどうするべきか、さらにそのためにN／4年後（1/4の地点）にどうなっていなければならないかを考えていきます。タイムマシン法は明確な目標を設定する実現のためのロードマップでもあり、モチベーションを高める効果が期待できます。

目標とする
未来へのプロセスを
明確にする

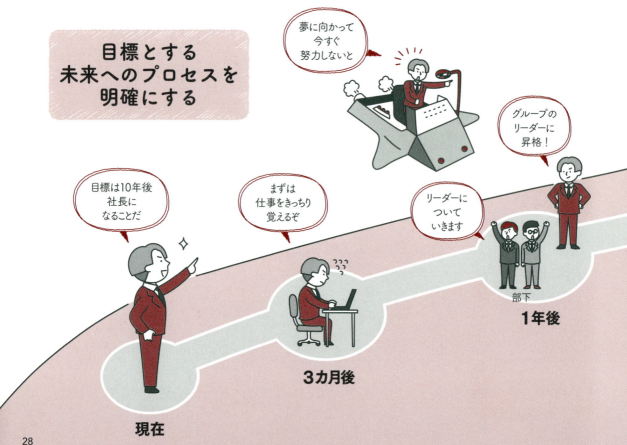

目標の実現には２つの手法があります。現在からの積み上げで未来を予測し、それに向かって行動する「**フォアキャスティング**」と、理想の未来から現在を眺め、目標達成のための道筋と課題を決める「**バックキャスティング**」です。

タイムマシン法はバックキャスティングに基づいた技法です。現状に未来を合わせるのではなく、未来に現状を合わせるのがポイントです。したがって、期限までの目標達成がムリそうなときでも、安易にハードルを下げるのは禁物です。

新たな課題を設け、あくまで最終目標を見据えた計画の修正を行うようにしましょう。

KEY WORD → ☑ ブレインライティング

ほかの人のアイデアをもとに発想を広げる

1人では限界のあるアイデア出しも周囲の人と行うと新たな発想が生まれてきます。

思考の枠を広げ、アイデアの個数を強制的に増やす方法として**ブレインライティング**というチームプレイの方法があります。使用するのは1人1枚のシートだけ。回覧板の要領で記入シートを回していき、前の人が記入したアイデアをヒントに思考を広げていく手法です。順番が回ってきたらとにかく記入しなければいけないので、強制的に思考の枠を広げ、アイデアの数を確保することができます。また、1人ずつ書き込むので、人前での発言が苦手な人の意見も取りこぼしなく集めることができます

個人でバラバラより人の意見につけ足す

このフレームワークには、1人1枚のシートを用意します。スタートの時点では、最初に全員共通の課題を記入します。次に、それぞれがシートの一番上から思い浮かぶアイデアを記入。1回あたり3〜5分程度の制限時間を設けます。最初の記入が終了したら、自分のシートを隣の人に回し、反対側の隣の人からシートを受け取ります。

受け取ったシートに書かれていることをヒントにアイデアを膨らませたり、そのアイデアを見て思い浮かんだ新しいことを書いていきます。シートの一番下が埋まるまで繰り返すことで、参加メンバーそれぞれの出発地点の視点を生かした幅のあるアイデアを集めることができます。

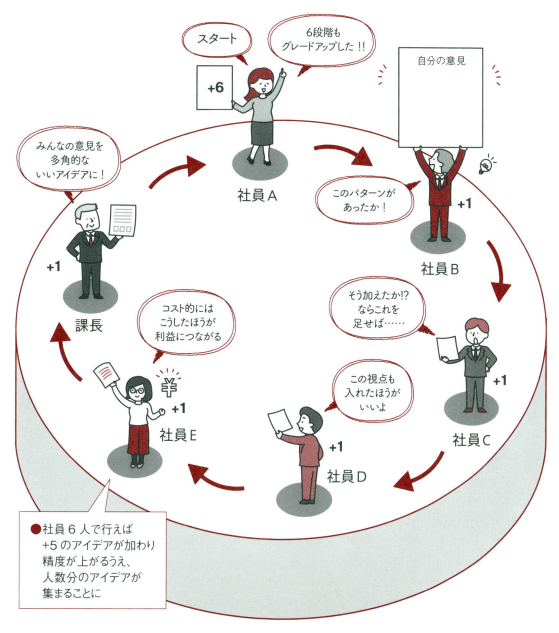

KEY WORD → ☑ マンダラート

12 1つのキーワードから8の倍数分アイデアを増やす

アイデア出しに困るときはマンダラートを用意すると自然と書き出すことができます。

キーワードを網羅的に可視化するなら**マンダラート**が有効です。

マンダラートとは、マス目状のフレームの中心に問いを置き、それから連想されるアイデアやキーワードを周辺のマス目へ記入していく手法です。マス目を用意すると「空白を埋めなければ」という心理が働き、強制的にアイデアを出すことができます。すべてのマスを埋めることが第一目標で、質よりも量を重視します。問題や課題の要素を書き出すだけでなく、目標設定やアイデアの発想の手法として活用範囲の広いフレームワークです。

マス目を埋めるだけでアイデアが生まれる

このフレームワークでは、3×3の9マスのフォーマットからスタートします。
最初に問いを決めて中央の枠内に書き込み、次に周りを囲むマス目に連想されるキーワードを書いて埋めていきます。
さらに思考を深める場合は、記入した8個のキーワードをそれぞれ新たなマンダラートの中心に置き、同じように連想を広げていき、計81マスまで広げます。
1人で考えるだけでなく、「同じ問いを複数の人にやらせる」「話し合いながら一緒に行う」という方法でさらにアイデアを広げることもできます。シンプルですが、キーワードの全体像の俯瞰に便利なフレームワークです。

キーワードの連想で自由に思考が広がっていく

KEY WORD → ☑ シナリオグラフ

13 新しい発想を生み出すために物語をつくるフレームワーク

想像の物語をつくり出すことで
新しい着想を得たりアイデアがひらめいたりします。

シナリオグラフは物語を考えることでアイデアを広げるフレームワークです。
Who（誰が）、When（いつ）、Where（どこで）、What（何を）の4つの視点から要素を書き出し、物語（シナリオ）をつくります。発想がマンネリ化して、新しいアイデアが出なくて困っているときに有効です。ランダムに選択したキーワードから物語をつくるので、普段では思いつかないような突飛なアイデアが浮かぶことがあります。大切なのは常識に囚われないこと。日頃の業務分担とは違う人をメンバーに入れると効果的です。

パネルを入れ替えるだけで違う物語になる

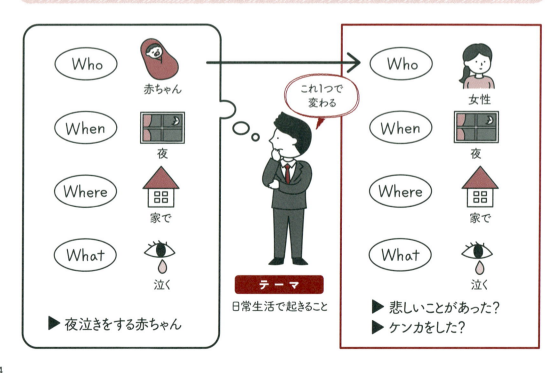

やり方は、最初に「**変数**」を設定します。基本は Who（誰が）、When（いつ）、Where（どこで）、What（何を）の４Ｗですが、慣れてきたら６Ｗ２Ｈ（P10）に拡張してみましょう。

次に、変数ごとに要素を可能なかぎり多く用意します。要素の数が少ないときは、マンダラート（P32）を活用して思考を広げます。

十分な数の要素が書き出されたら、要素をランダムに選び、物語を作成します。このとき、物語は３つ以上考えましょう。

多少強引であっても物語の形に仕上げるなかで、日頃の枠組みを飛び出したアイデアが生まれる可能性を高めることを期待したフレームワークです。

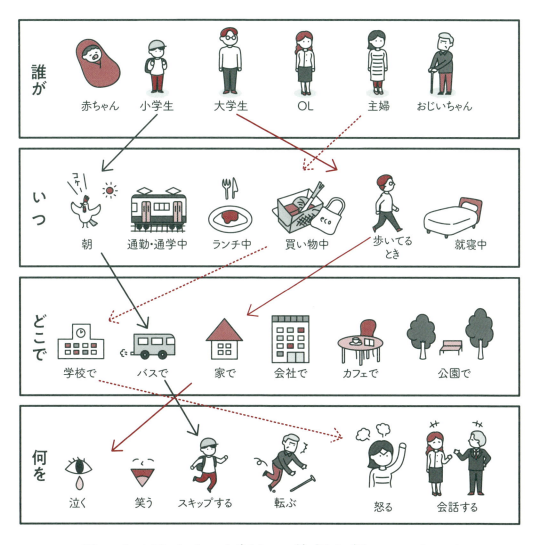

一見つながらなくても新しい着想を得るヒントになる

KEY WORD → ☑ オズボーンのチェックリスト

14 定番の9つの質問で新たな視点を見つけ出す

硬直した考えをほぐして新たな発想の切り口を見つけ出す9つの定番を使う方法です。

オズボーンのチェックリストは、アイデアが生まれにくいとき、さまざまな角度からの視点を使って強制的にアイデアを抽出する方法。1つの問いに対して9つの切り口を当てはめることで、常識や先例に囚われない、思いもよらないアイデアを引き出すことを狙った**オズボーン**考案のフレームワークです。9つの切り口とは「転用」「応用」「変更」「拡大」「縮小」「代用」「置換」「逆転」「結合」です。これらを発想の切り口にして、効率的にアイデアを生み出しましょう。

さまざまな角度からアイデアを考える

このフレームワークは、チェックリストという名前からもわかるように、問いのリストを手元に持っておき、アイデアに詰まったらいつでも活用できるのが利点です。

転用＝ほかの使い道はないか、応用＝ほかのアイデアを借りられないか、変更＝印象やデザインを変えてみたらどうか、拡大＝大きくしてみたらどうか、縮小＝小さくしてみたらどうか、代用＝ほかのもので代用できないか、置換＝入れ替えてみてはどうか、逆転＝逆にしてみたらどうか、結合＝組み合わせてみたらどうか。これらの問いかけで新たな視点を得ることができます。さらに、既存のアイデアの変更の余地がどのくらいあるか、問いに関する歴史をどの程度知っているか、を加えるとさらに思考を深めることもできます。

効率的にアイデアを生むチェックリスト

KEY WORD → ☑ **アイデアシート**

15 自分のイメージをほかの人と共有して実現する

問題が起きた場面と解決した場面の
間の2コマを考えることで解決法を探るツールです。

アイデアシートとは、頭の中にあるアイデアを書き出すためのシートです。アイデアを頭の中だけで考えていても、なかなか具体化には至りません。そこで、まずは一度紙に書き出して、自分の頭の中から外へ出し、客観的に見てみることが重要です。これによりほかのメンバーからフィードバックを貰うこともできるようになります。

また、紙に書き出すことでアイデアの保存・蓄積が可能になります。これにより書き溜めたアイデアを活用・共有できるメリットもあります。

頭の中だけのあいまいなイメージを形にする

アイデアシートに特別な書き方はありませんが、スケッチ（ラフなイラストなど）、言語化（キーワードや説明文）、他者からのフィードバックを1セットとして記録するのがよいでしょう。メモは一言で明確に記載し、簡単なイラストや絵や写真の切り抜きなどを添えるのも有効です。イメージを膨らませるためのヒントになるものを集めていき、ある程度スケッチが埋まったらイメージを具体化し、基本的な概要を言葉で説明できるように整えていきます。概要のほか、5W1Hなどのフレームワークを使うと詳しく仕上がります。これらのアイデアに他者からのフィードバックを貰い、さらに内容に磨きをかけていくと、アイデアの発想や整理などいろいろな場面で活用できます。

KEY WORD → ☑ ストーリーボード

16 理想のストーリーを 4コマにまとめてみる

ぼんやりとしたアイデアを明確なストーリーへと変化させ、具体的に仕上げる方法です。

ストーリーボードは、4コマのストーリーでアイデアを具体化するフレームワークです。理想的な顧客の体験のプロセスを時系列で整理し、ストーリーを描きます。ぼんやりとしたアイデアの具体化・視覚化、あいまいな提供価値を明確化できます。画面を4分割して書くほか、シーンごとに付箋に書いてホワイトボードに貼り出すなど、やりやすい方法で作成できます。「問題のある現状」「問題解決のプロセス」「問題が解決した様子」の3つの内容を4コマに分けて描くといった方法があります。

問題を解決するためのアイデア発想術

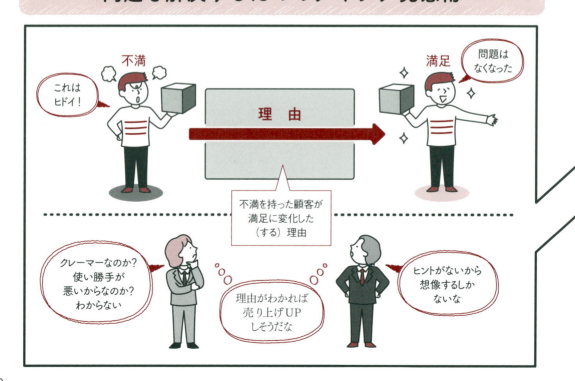

ストーリーボードを使うと、アイデアの可視化、共有、改善といった、アイデアシート（P38）と同様のメリットがあります。さらに、ストーリーによって顧客の変化に関するイメージも共有できるという特長があります。

まずは1マス目に問題のある現状を記入します。課題やニーズと言い換えてもいいでしょう。次に、4マス目に問題が解決したときの様子（ゴール）を記入します。それから、2マス目、3マス目にゴールへ至るプロセスを分解して記入します。

アイデアに時間の流れによる変化が加えられているか、解決のプロセスに矛盾や飛躍はないかという点に気を配りながら検討しましょう。

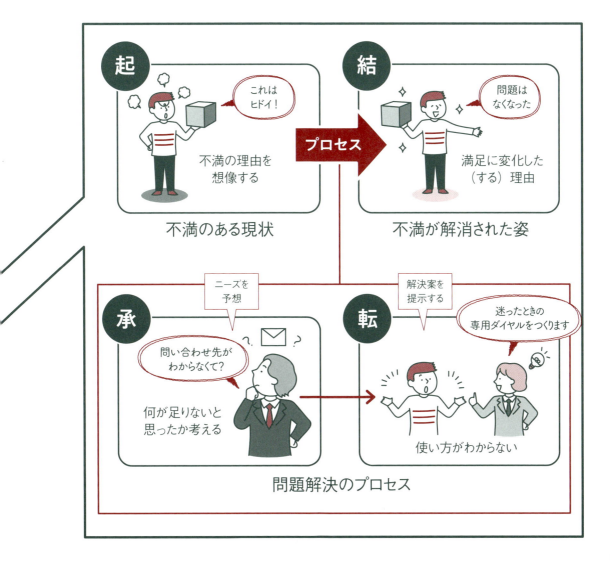

KEY WORD → ☑ プロコン表

17 選択するときはメリットとデメリットで比較する

2つのものごとを比較して意思決定する際に
よく使われる比較のフレームワークです。

プロコン表（Pros／Cons）は、案の採否やいくつもの案の中から最適なものを選ぶときに使うと便利なフレームワークです。選択肢のよい面・悪い面に注目して意思決定を行います。

ラテン語で Pros は賛成（よい点、メリット）、Cons は反対（悪い点、デメリット）を表し、プロコンは「賛否」という意味で使われます。最初にある案に対して Pros と Cons をできるだけ多く書き込んでいきます。そして、挙がった賛否の意見に対し、数の多さではなく、それぞれの理由の重要度を同じ基準で評価し、どちらが優勢かを判断していきます。

よい面・悪い面を比較してみよう

前提や立ち位置に左右されず、中立的に Pros ／ Cons を書き出すことで、ものごとの良否を比較し利益と損失を正しく把握する助けになります。また、ものごとを相反する2つの面から検討することでメンバー全員に異なる視点を意識させ、合理的に意思決定することができる手法です。

プロコン表は分析ツールとしては有効ですが、結論までを自動的に導くものではありません。自社の置かれた環境や大事にしたいポイントを、しっかり意識しながら意思決定を行うことが必要です。2項対立で考えるフレームワークなので、「ある問題をどうするべき（AかB）か」を考える場面で威力を発揮します。

KEY WORD → ☑ ペイオフマトリクス

アイデアをマップに落とし込み実現できるものを見つける

たくさんあるアイデアを効果と実現性で振り分けて判断するときによく使われます。

ペイオフマトリクスとは「効果」と「実現性」の2軸でアイデアをマッピングし、効率よく選択するためのフレームワークです。選択肢が多数ある場合に、優先順位や検討対象の絞り込みをするのに有効です。

ペイオフマトリクスでは、効果の軸で得られる収益や成果など「効果の高さ」を考えます。実現性の軸では、実現の際の「コストや難易度」を指標とします。各選択肢を2軸で配置決めすることで、効果が高く実現性も高い選択肢を視覚的に選ぶことができます。

たくさんのアイデアを絞り込むには

このフレームワークでは２軸の高低の４マスで検討するのが一般的です。選択肢の数が多い場合やより詳しく検討する場合は、３×３の９マスを利用する場合もあります。

はじめのアイデアを出す段階では、実現性や難易度は気にせず自由に考えます。アイデアの準備ができたら、マトリクスを用意してそれぞれのアイデアを配置。効果や実現性のレベルはこの段階で話し合い、メンバー間の認識の違いを擦り合わせます。配置が終わったら、全体を見ながら評価・選択を行い、「効果も実現性も高いもの」から実行。次は「効果は低いがすぐに実現できるもの」か「効果は高いが実現が難しいもの」のどちらかを選択します。効果も実現性も低いものは実行しないという選択肢も視野に入れましょう。

ペイオフマトリクス

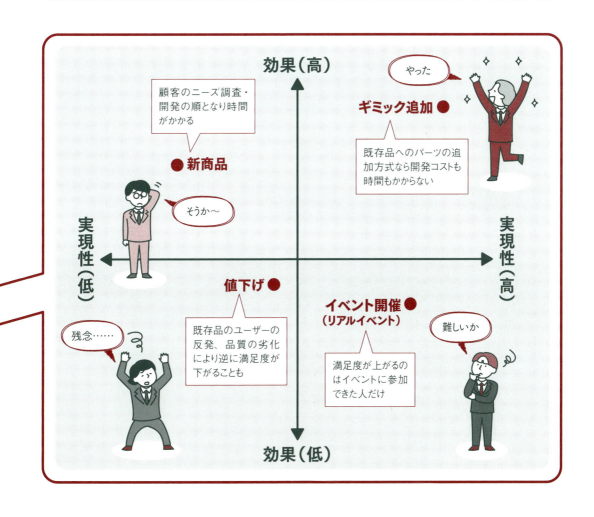

column

No. 01

フレームワークを理解するために

覚えておきたい！ 第1章

ビジネス用語集

☑KEY WORD

プロセス
P11

プロセスとは、目的を達成するまでの、業務の方法や手順といった全体の工程のこと。
商品やサービスの開発・製造から流通などもプロセスに部類される。ビジネス以外でも、
IT業界や印刷業界で使用されるキーワードの1つ。

☑KEY WORD

プロット
P16

プロットとは、プレゼンテーションなどで統計データや情報をグラフや表のしかるべき場所
に配置すること。

☑ KEY WORD

マトリクス   P16

マトリクスとは、一般には母体や基盤の意味。ビジネスにおいては、「マトリクス図」を表す用語として用い、1つのテーマにおける相関関係やポジショニングを分析する際、縦軸と横軸に情報を分類することで、掘り下げる手法である。

☑ KEY WORD

タスク   P17

タスクとは、目標のために作業者が達成すべき仕事や作業を表す。またタスクを制御し管理することを「タスク管理」と呼び、1つのタスクしか進行できないことを「シングルタスク」、複数のタスクを並行することを「マルチタスク」と呼ぶ。

☑ KEY WORD

重み（ウエイト）   P19

重みとは、複数の選択肢に対して評価項目にそれぞれウエイトを付けて点数をつけ、点数化により評価すること。評価項目の重みが大きいほど、その選択肢の重要度が高くなり、問題解決におけるヒントを提供しやすくなる。

☑ KEY WORD

5-WHY   P23

5-WHYとは、作業中に何か問題が起きた際、その解決や原因の究明、再発防止のために「なぜ起きたのか」ということを5回自問自答すること。トヨタ自動車ではこの5-WHYが徹底されている。

☑ **KEY WORD**

フォアキャスティング   P29

フォアキャスティングとは、現在や過去のデータを分析するとともに、将来的な目標を考えること。実現性の高いアイデアが生まれやすい反面、過去の延長線上から作成するため、目標があいまいになりやすいほか、革新的なアイデアは生まれにくい。

☑ **KEY WORD**

変数   P35

変数とは、変化する数値や要素のことを意味している。さまざまな分析を行う際には何を変数として設定するかが大切になる。

☑ **KEY WORD**

オズボーンのチェックリスト   P36

オズボーンのチェックリストとは、Ａ・Ｆ・オズボーン氏によって考案された、アイデア抽出の手法の１つ。よいアイデアが出ない際に、無理矢理にひねり出すことで発想が飛躍し、思いがけないような画期的なアイデアが生まれる可能性を持つ。

chapter
02

マーケティングの
フレームワーク

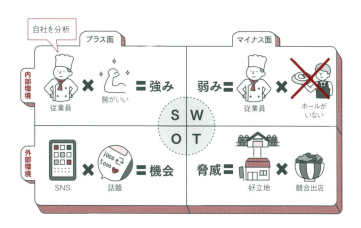

商品の販売戦略を練る前に欠かせないのが、
マーケティングです。
競合他社との力関係や顧客のニーズなど、
フレームワークを使った分析を行うことで
どの方向性に向かえばよいかを探ることができます。

KEY WORD → ☑ PEST分析

01 社会の変化を予測して将来の戦略を立てる

自社だけでは解決できない周囲の環境（マクロ環境）について分析して自社が進めるべき道を考えるときに役立つツールです。

世の中の動きを分析して新しいニーズを予測したい、そういうときに役立つのが **PEST分析** です。これは Politics（政治）、Economy（経済）、Society（社会）、Technology（技術）の頭文字で、これらの自社では影響を与えにくい世の中の環境、つまり **マクロ環境** について分析するためのフレームワークです。PEST 分析は現状分析から未来予測まで使えるので、数年先の社会がどのようになっているかを予測し、そこから逆算して戦略立案や製品戦略に生かせるのが強みです。

PEST分析の4つの切り口

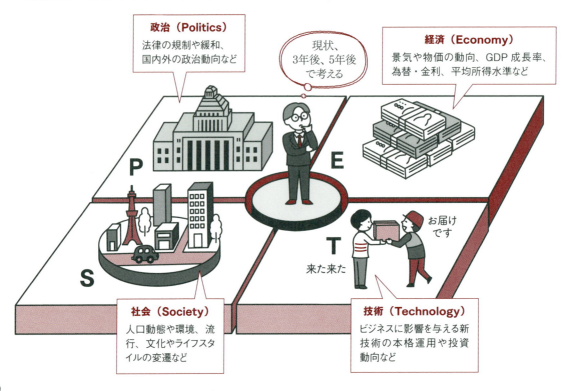

政治（Politics）
法律の規制や緩和、国内外の政治動向など

経済（Economy）
景気や物価の動向、GDP 成長率、為替・金利、平均所得水準など

現状、3年後、5年後で考える

社会（Society）
人口動態や環境、流行、文化やライフスタイルの変遷など

技術（Technology）
ビジネスに影響を与える新技術の本格運用や投資動向など

新しい技術が人々の生活を変化させたり、法整備が行われるきっかけになるなど、PEST分析の各要素はそれぞれが関連している点に注意しましょう。また、あくまで自社では影響を与えない環境、つまりマクロ環境について分析するものです。市場など、自社の動きによって影響されるような要素については「3C（P94）」などを使うのがいいでしょう。同時に、社会的に重要な要素であっても、自社の戦略に影響しないものは記載しなくても大丈夫です。ちなみに、最近ではEcology（環境）を含めたPESTE分析と呼ばれることもあります。台風のような自然災害の増加や、地球温暖化などがどのように影響するか、を分析するわけです。

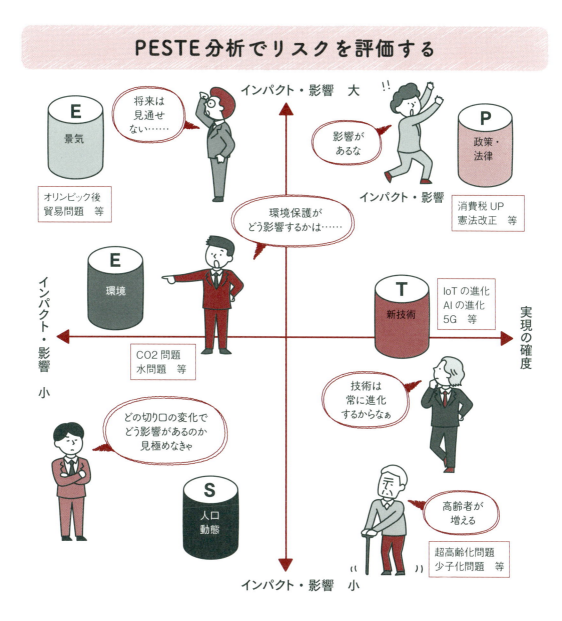

KEY WORD → ☑ セグメント化　ターゲティング

02 対象顧客を明確にする セグメント化とターゲティング

ビジネスでターゲットを絞るには、狙うべき層を明確にしなくてはいけません。この絞り込みには、セグメント化が有効に働きます。

PEST分析でニーズ予測を行ったあとは、それを絞り込むことが必要です。いくらニーズが予測できても、そのすべてに応えることはできません。そこで、そういうときには**セグメント化**と**ターゲティング**が重要になります。セグメント化とは市場をある程度切り分けることで、ターゲティングとは、その切り分けた中から自社が展開するのにふさわしい市場を選んでいく、というものです（P72のSTPを参照）。自社の強みがどのような市場で生きるのか、今後成長していく市場はどこか、を分析していくのです。

市場を区分けしてターゲットを絞る

セグメント化のためには地理的変数や**人口動態**変数、心理的変数などといったセグメンテーション変数を分析していきます。例えば地理的変数であれば地域性や気候、人口動態であれば年齢や性別の切り分けです。このようにセグメント化した市場のどこを狙うかは、**市場規模**（Realistic Scale）、成長性（Rate of Growth）、競合（Rival）、優先順位（Rank）、到達可能性（Reach）、反応（Response）という評価基準を用います。これが「**6R**」のフレームワークです。特に重要なのが市場規模、成長性、競合の3つです。重要なのはそれぞれのバランスを考えることで、成長性が高く規模が大きくなりそうな市場でも、競合が多い**レッドオーシャン**（P82）では利益を得るのが難しくなります。

KEY WORD → ☑ 戦略キャンバス

03 ブルーオーシャンを見出すための分析ツール

新規で事業を行う際に注意すべきなのが競合他社。
競合がいない有利な土俵を探すために活用されるのがこのツールです。

レッドオーシャンではなくブルーオーシャンでビジネスをするためにはどうすればいいのでしょうか。そのために使うツールが **W・チャン・キム** 教授と **レネ・モボルニュ** 教授の提唱した **戦略キャンバス** です。これはまず、顧客や消費者にとって重要な価値がある要因を抜き出して、それについて自社や競合他社がどの程度持っているかを把握します。続いてそれに対して『取り除く』『大きく減らす』『大きく増やす』『付け加える』のいずれかのアクションを行う、というものです。

ブルーオーシャン戦略とは

◾ 理髪業界のブルーオーシャン戦略例（QBハウス）
（QBハウス参照　https://www.qbhouse.co.jp/about/）

時間：約10分
サービス：散髪のみ
料金：1200円（当社は1000円）
場所：オフィス街や駅前

顧客のニーズをつかんで急上昇
早く終わる
値段も安い
会社の近くにあるので平日も来やすい

時間：60分
サービス：散髪、髭剃り、マッサージ、ブロー
料金：4000円前後
場所：自宅の近所

一般的な理髪店

取り除くというのは、価値がないのに提供し続けているものや、それまでの常識や慣習として残っているだけで取り除くべきものをなくすことです。大きく減らすのは、競合他社を意識しすぎている要素や、業界では標準だが減らすべき要素です。続く大きく増やす要素というのはその逆で、業界では標準だが思い切り増やすべき要素や、顧客に強いてきた不都合を解消できる要素になります。付け加える、は増やすに似ていますが、それまで提供されていなかったが、今後付け加えるべきものです。顧客に新しい価値をもたらし、需要を生み出すものも含まれます。今までなかった要素を『付け加える』、既存の要素を完全に『取り除く』の2つが特に差別化において重要になります。

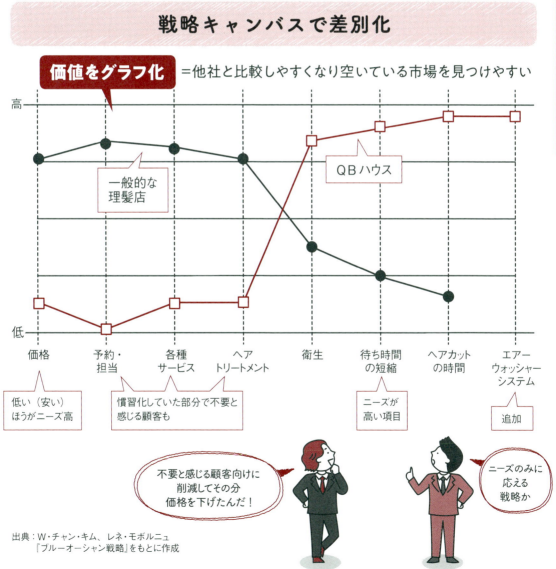

出典：W・チャン・キム、レネ・モボルニュ
『ブルーオーシャン戦略』をもとに作成

KEY WORD → ☑ 認知率分析

04 自社の製品サービスの顧客への認知度を知る

どんなにいい製品サービスでも知られてなければ購買にはつながりません。
自社の認知度を知ることで、何をすべきかが見えてくるでしょう。

自社の製品やサービスがどれほど世の中に知られているか、つまり認知されているかを分析するのが**認知率分析**です。一口に認知率といっても大きく2つに分解することができ、1つは再認率、もう1つが再生率となります。再認率は再認知名率や助成想起率と呼ばれるもので、調査の際に「○○という商品を知っていますか？」と尋ねたり、実際にそのものを見せたりして調査される認知率で、はっきりと覚えていなくても、助けがあれば思い出せるものになります。

一方、再生率は再生知名率や純粋想起率とも呼ばれ、「ビールといえばどの銘柄を思い出しますか？」といったように、具体的な商品情報を提示せず回答してもらうものです。当然、後者のほうが前者よりも数値は低くなります。これを AIDMA（P78）に当てはめると、再認率はA=Attention（認知）、再生率は M=Memory（記憶）の段階に至っている、と考えることができます。この2つの指標によって、商品がどの程度知られているか、どの程度記憶されているかがわかります。ただしこれでわかるのはあくまで認知率であり、シェアや利益に直結するわけではありません。なお、調査の際には再生率→再認率の順で聞く必要がありますので注意しましょう。

再生率は再認率より低くなる

認知率分析
②再生率分析
＝助けなしに名が挙がるかどうか

KEY WORD → ☑ SWOT分析

05 自社の経営環境を 4つの要因で分析する

企業とはさまざまな資源の集合体です。
企業を取り巻く経営環境に目を向け、自社の強みとなるものを探ることが大切です。

企業分析の基本といえるものが**SWOT分析**です。自社の外部環境と内部環境を、好ましい（プラス）側面、好ましくない（マイナス）側面という2×2のマトリクスで分析するもので、内部環境で好ましいものがStrengths（強み）、好ましくないものがWeaknesses（弱み）、外部環境で好ましいものがOpportunities（機会、好機）、好ましくないものがThreats（脅威）という4つの頭文字を取ったフレームワークです。シンプルなマトリクスながら、経営課題や事業機会について検討するには非常に役立ちます。

ＳＷＯＴ分析

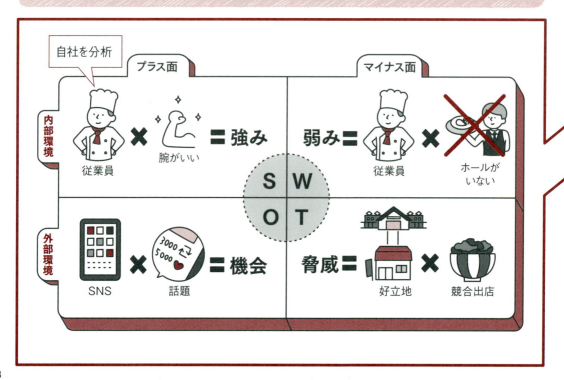

ただし、シンプルなだけに多彩な要素がチャートにまとめられてしまうことで、逆に分析の精度が落ちることもあるので注意が必要です。プラスとマイナス、両方の側面に目を配るという発想そのものが重要である、という点を覚えておくといいでしょう。多くの要素から特に重要なものを選り分けることも必須です。なお、SWOT分析を行う際に**外的/内的環境**を区分するのは容易ですが、好ましい要素かどうかは両方の側面を持ちます。例えば「自社の規模が小さい」というのは、経営資源や知名度、ブランド力の面では弱みになりますが、小回りが利き意思決定が早いというスピード感については、強みにもなり得ます。分析で出てきた弱みや脅威を、強みや機会と見なす発想力も重要でしょう。

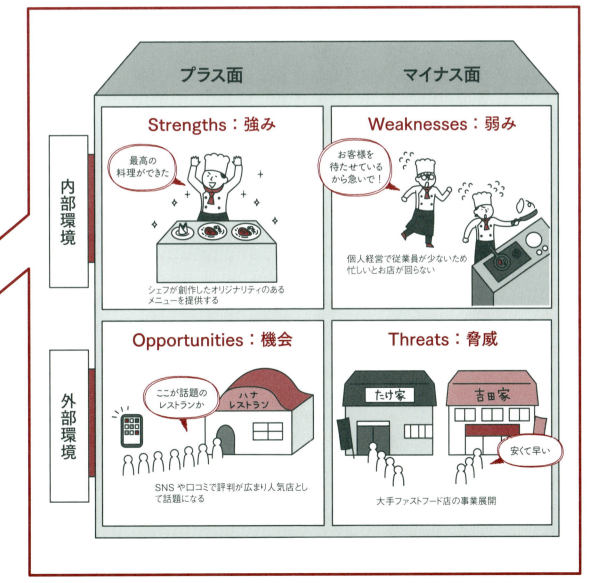

KEY WORD → ☑ 顧客ロイヤルティ分析

お得意様をつくるのが重要になる理由

上客をつくるのが繁盛の秘訣とは昔からいわれることです。
お得意様をつくる重要性を理解できれば、取るべき戦略も見えてきます。

ロイヤルティ（Loyalty）とは忠誠などを示す言葉で、マーケティングにおいては企業に対する愛着や信頼を示すものです。ロイヤルティの高い顧客は、自然とリピート率が高まるだけでなく、周囲に宣伝してくれたり、プレミアム価格であっても受け入れてくれるようになるなど、ほかの顧客に比べて高い利益を生み出します。顧客のロイヤルティを調べ分析することで、不十分な箇所を探し出したり、自社の製品やサービスにおいてどの程度のロイヤルティが必要かを導き出します。

顧客ロイヤルティが重視される理由

顧客ロイヤルティ分析は、アンケートで行うのが一般的です。リピート回数などを尋ねる満足度調査が最も手軽ですが、ほかに競合がいないなどの理由でリピート回数が増え、結果として満足度が高く見える、という欠点もあり、ロイヤルティと直結しない可能性があります。そこで用いられるのが **NPS（ネット・プロモーター・スコア）** です。これはアンケートで「当社（や商品）のことを友だちに薦める可能性はどのくらいありますか？」を10点満点で尋ねるものです。これによって導き出されたスコアは、顧客ロイヤルティと強い相関にあるという研究結果があります。併せて「商品やサービスを薦める（薦めない）理由」を尋ねることで、ロイヤルティ向上に何が必要であるか、を分析することができます。

KEY WORD → ☑ ブランド・エクイティ

07 よいブランドであることが資産的価値を持つ

「名も知らぬ会社よりも知っている会社」を顧客は選ぶもの。
他社に対してアドバンテージを得るためにもブランド化することは重要です。

エクイティとは資産。つまりブランドの持つ要素を資産として考え、金銭的価値も評価しようというのが、**ブランド・エクイティ**のフレームワークです。そのブランドがどのくらい、そしてどのように知られているか、ということを指す「ブランド認知」、消費者が競合製品やサービスと比較した際にわかる品質や優位性を示す「知覚品質」、前項でも説明した、ブランドへの忠誠心を指す「ブランド・ロイヤルティ」、そして顧客がそのブランドに対して連想できるすべてのものを指す「ブランド連想」です。

ブランドのどの要素が価値なのか

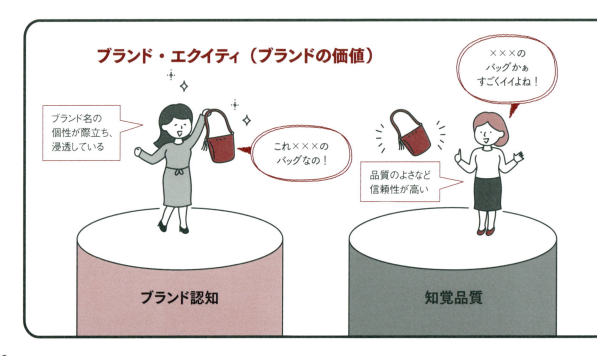

この4つの要素がそのブランドがどれだけの価値があるかを示す指標となります。注意すべきは「ブランド認知」だけでなく、これらのブランドの持つ価値そのものを認知してもらうことがブランド・エクイティの向上につながるという点です。また、ブランド・エクイティは金額的価値に換算して評価することも可能です。ブランド構築にかかった費用を測定する「コスト・アプローチ」と、ブランドが将来生み出すキャッシュを予測して導く「キャッシュフロー・アプローチ」、そして市場で取引されている類似のブランドの価格をもとに評価額を決定する「マーケット・アプローチ」の3つです。これらのうち複数のアプローチでブランドの価値を評価します。

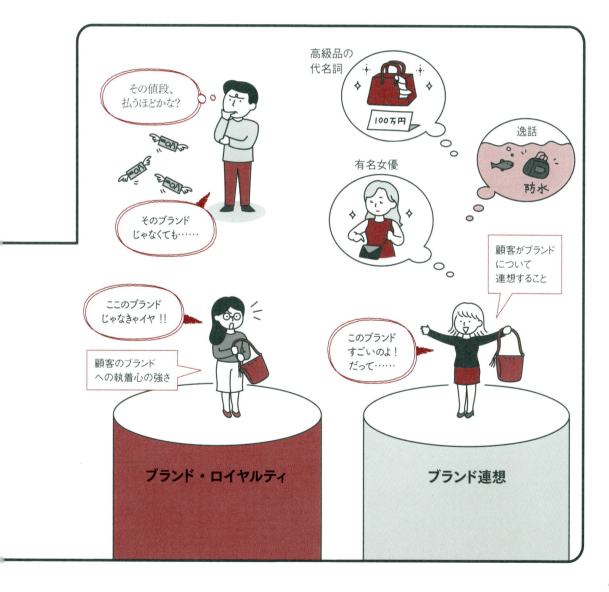

KEY WORD → ☑ パレート分析

08 重要な役割を果たす上位の要素を見つけ出す

たとえ同じ顧客であっても購入額によって分類ができます。
大切なのは、売上や利益を支える層を見極め、その層が必要とする商品を
提供することです。

どの製品や顧客が売り上げに貢献しているのか、など、売り上げや利益の柱、あるいはトラブルの原因を見極めるために用いられるのが**パレート分析**です。これは、数量の大きい項目や要素から順に並べ、さらに累計も表示することで行います。これによって、全体像を示すとともに、全体の中で重要性の高い要素を知ることができます。例えば、100社の顧客のうち上位10社で全売上高の85%を占めているとしましょう。さらに売り上げに関係なく顧客管理コストがかかるとすれば、顧客数を絞ったほうが有効かも、ということがわかるのです。

上位2割の顧客に注目

パレート分析によって、実際にどのように動くかのアクションプランも立てやすくなります。実際に行ってみると、上位20%で売り上げの80%を占める20-80のルールや、上位30%で利益の70%に貢献している30-70のルールが読み取れることが多いでしょう。ただし、必ずしも絞り込むことが正解というわけではないことに注意しましょう。全体に対する貢献度が低くても、技術力を支えている部署など、売り上げ以外の観点でも重要なパートは存在します。また、重要度が低くても、長期にわたって利益を生み出すロングテールのような要素も、パレート分析によって明らかにすることが可能です。

長期を見すえたポートフォリオを組む

KEY WORD → ☑ プロダクト・ライフサイクル（PLC）

09 製品が市場に登場して消えるまでの流れを知る

どんな商品にも顧客に必要とされる期間があります。
それが短ければ収益も低くなるため、そのサイクルを調べておくことが重要になってきます。

自社の製品が市場においてどのような位置にあるのか、それを分析するツールが**プロダクト・ライフサイクル（PLC）**です。製品やサービス（＝プロダクト）を市場に投入し、市場に受け入れられ、需要が減って消えていくまでのサイクルを「導入期」「成長期」「成熟期」「衰退期」という4つの段階に分け、それぞれの段階における投資や経営資源の投入量、マーケティング手法などを変えていきます。業務の効率化や次の商品開発のタイミング決定にも役立ちます。

プロダクト・ライフサイクルの流れ

市場規模：小
顧客：革新者
競合：少ない
方針：イメージ戦略重視

導入期
第一ステージ。顧客の認知度向上のために、積極的にPR投資をする時期。

市場規模：拡大
顧客：初期採用者
競合：増加する
方針：シェアの拡大を重視

成長期
第二ステージ。投資が功を奏し、売り上げがアップする時期。ただし、競合他社への対策も必要になる。

導入期は製品の登場直後で、需要も顧客も少なく、逆に設備や宣伝に大きな初期投資が必要になります。成長期は製品需要が高まり、市場規模が拡大する時期で、イノベーターやアーリーアダプター（P68）にはすでに行き渡り、流行や安心を好む顧客にターゲットが移行していく時期です。市場の16％の壁を越え、大衆層に受け入れられる時期であり、マーケティング手法もそれに合わせて変化させる必要があります。成熟期は市場での地位が安定し、売り上げや利益が最大化する時期です。成熟期の終わりには市場での価格が低下し、売り上げや利益も下降します。衰退期に入るタイミングを見極め、それ以上投資を行わず、生存戦略に切り替えていくことが必要です。

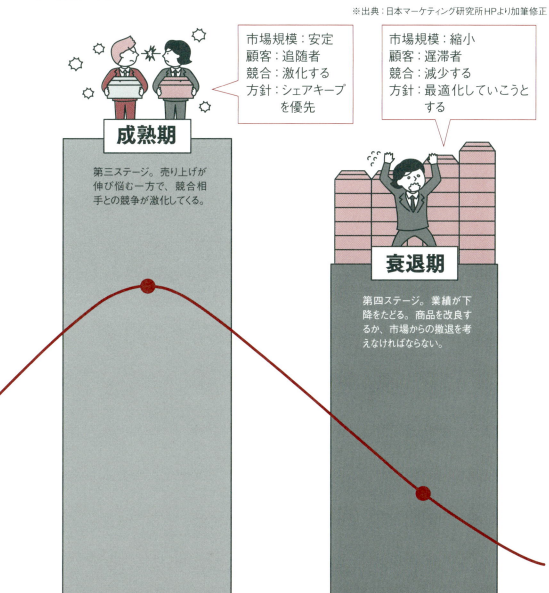

※出典：日本マーケティング研究所HPより加筆修正

KEY WORD → ☑ イノベーター理論　キャズム

10 製品が顧客に受け入れられていく過程を分析する

新しい技術や試みが顧客に受け入れられるためには、多くの人に認知されることが必要です。その過程を知ることで戦略に生かすことができます。

イノベーター理論とは、PLC（P66）における導入期から成熟期において、製品が顧客に受け入れられていく過程を示したものです。特に新技術を用いた製品や、ネットサービスにおいて顕著に見られるものです。新しいものにまず飛びつく①イノベーター、新しいものを自慢したがる②アーリーアダプター、流行に追随する③アーリーマジョリティと④レイトマジョリティ、そして最後にやってくる⑤ラガード（遅滞者）の５つに顧客層を分類し、それぞれの顧客層に合わせることで、的確なマーケティング活動を行うことができます。

顧客層の移り変わり

初期採用者（アーリーアダプター）
好奇心が旺盛で、自分が手に入れた新しいものを自慢したがる傾向にある。

革新者（イノベーター）
新しいものに真っ先に飛びつく。イノベーターの注目を集めることで、ほかの顧客への口コミが広がる。

キャズム

イノベーターは特に最先端の技術や画期的な機能に敏感です。新機能を前面に出した宣伝を行ったり、先行販売や数量・販売店を絞った限定販売なども効果的です。普及率2.5%がイノベーターに行き渡った目安となります。イノベーターを見て、新たに流行しそうなものに反応するのがアーリーアダプターです。目新しさを好み、製品が普及するかどうかもこの層に受け入れられるかどうかで決まります。アーリーアダプターは市場の13.5%を占めるとされます。この両者を合わせた16%を越え、アーリーマジョリティに普及することで製品が決定的に受け入れられたと考えられます。この16%の壁、あるいはアーリーアダプターとアーリーマジョリティの間の溝を「**キャズム**」といいます。

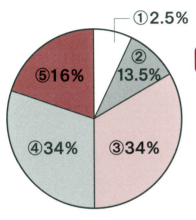

顧客層の比率

①と②を越えると、「キャズム」と呼ばれる普及の壁を乗り越えたことになる。

前期追随者（アーリーマジョリティ）

市場における大多数。この集団の支持が得られれば、市場シェアの拡大や利益を見込める。

後期追随者（レイトマジョリティ）

同じく、市場における大多数の集団。比較的保守派で、新しいものにはなびきづらい。

遅滞者（ラガード）

あまり新しいものには興味を持っていないため、積極的なマーケティングは必要とされないのが一般的。

KEY WORD → ☑ RFM分析

11 既存顧客を切り分けて マーケティングに生かす

たまにしか購入しない人からヘビーユーザーまで顧客といっても千差万別。
タイプごとに分けたアプローチをすることでマーケティングの効率を上げることができます。

RFM分析は、自社の既存の顧客を分析するツールで、顧客を維持するためのマーケティングにおける基本のフレームワークです。RFMはRecency（直近性：直近の購入日）、Frequency（頻繁性：一定期間に購入する頻度）、Monetary（富裕性：一定期間や1回あたりの購入金額）の3つの性質の頭文字を取ったものです。自社（製品）がメインターゲットとする顧客層を見定めたり、どういった顧客層にテコ入れするべきか、という部分を見極めるために利用することができます。

購入頻度と直近の動向を探る

RFMの3要素すべてが高いのはいうまでもなく優良顧客です。RとFは高いがMの低い客にはどうやってMを上げるか、あるいはそのまま維持するのか。Mは高いがRとFが低い客にはどうやってもっと来てもらうか、などといった形で活用します。各要素の比重は、扱う商品によって異なり、日用品を扱っているならFが重要、貴金属や高価な家電であればMにウエイトを置くべきです。3つの要素それぞれを関連させて考えるのが普通ですが、例えば単価が一定で提供できる上限も決まっている場合はMを無視してもいいでしょう。取り違えてはいけないのは、顧客をランク分けして上位顧客を優遇するための分析ではなく、より多くの客を優良顧客につなげるための施策ということです。

顧客のタイプごとにアプローチを変える

KEY WORD → ☑ STP

12 誰に何を売るのかを練るための分析フレームワーク

新商品の企画を練る際に重要な「誰に」「何を」売るのかを分析によって導き出すツールです。

マーケティングで重要な要素の1つは、ターゲット顧客を定めることです。ターゲットの特定はセグメンテーション、ターゲティング、ポジショニングの **STP** と呼ばれる3つのステップで行います。セグメンテーションは、顧客をいろいろな切り口で切り分けます。性別や年齢層は代表的なセグメンテーションの切り口です。より細かく切り分けるには、居住地域や収入、趣味やどのようなものにお金をかける人かなど、さまざまな要素が利用できます。ターゲティングでは、

STPのステップ

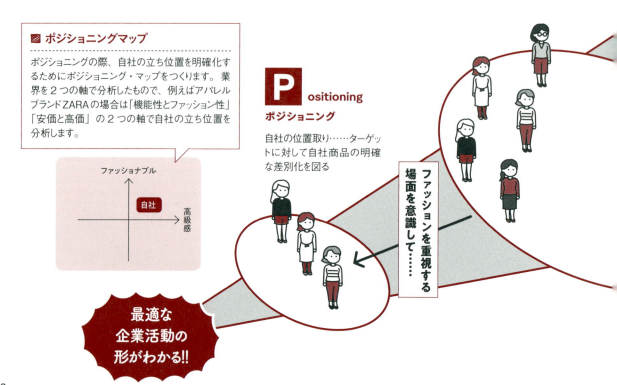

ポジショニングマップ
ポジショニングの際、自社の立ち位置を明確化するためにポジショニング・マップをつくります。業界を2つの軸で分析したもので、例えばアパレルブランドZARAの場合は「機能性とファッション性」「安価と高価」の2つの軸で自社の立ち位置を分析します。

Positioning
ポジショニング

自社の位置取り……ターゲットに対して自社商品の明確な差別化を図る

最適な企業活動の形がわかる!!

セグメンテーションしたどの顧客にアプローチするかを決めます。

最後のポジショニングは、特定したターゲットに対して、自社の製品やサービスの立ち位置を明確にすることです。SとTが「誰に」を、Pは「何を」を決定するステップといえます。ただしポジショニングのステップはそれにとどまらず、顧客に対してそれを伝えることまでを含めて考える必要があります。「こういう人をターゲットにしたい（すべき）」と考えていても、それが伝わっていないと顧客とのミスマッチが発生してしまいます。

ポジショニングには、競合他社などを含めたポジショニングマップをつくるのも有効です。これについては次の項目で説明します。

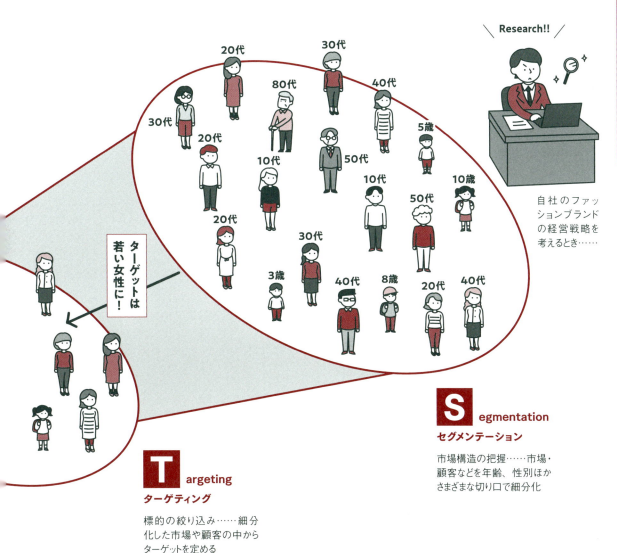

KEY WORD → ☑ ポジショニングマップ

13 自社の立ち位置を明確にして優位に立てる場所を選ぶ

参入しようとしている市場の中で自社がどの位置にいて、どの部分を狙うべきかを明らかにするツールです。

自社の製品やサービスの立ち位置が市場の中でどのような場所にいるのかを知り、そしてそれをターゲットの顧客に伝えるにあたって利用できるのが**ポジショニングマップ**です。まずは業界を2つの軸によって区分けします。この軸に何を取るかは製品や業界によって異なってきます。例えば価格が高い/低い、品質がよい/悪いという2つの軸を考えます。安くて品質もそれなりのA社、高くて品質も高いB社に対して、「安くて品質がいい」自社をアピールできれば大きな強みになることは明らかです。

ポジショニング・マップの方法

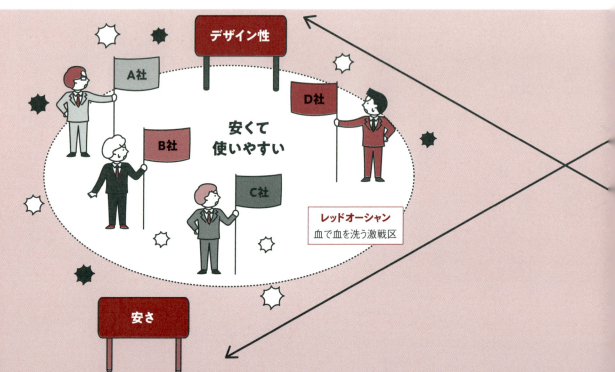

もう少し複雑な軸もあります。例えばアパレルブランドであれば、価格の軸に対して「ファッション性が高い/機能性が高い」という軸を取ることもできます。ファッション性と機能性に関しては、どちらがよいというものではありません。そこで特定したターゲットによって、どのような製品を提供するといいかが変わってきます。高価でもファッション性が高い服を好む顧客、ファッション性が高いが価格は安くしたい顧客、とにかく機能性の高さと安さを求める顧客など、ターゲットに合わせた立ち位置を明確にします。最近ではプロ向けの作業用の衣類を安く提供するお店も流行していますが、これもポジショニングマップで独自の位置を占めることができた結果といえます。

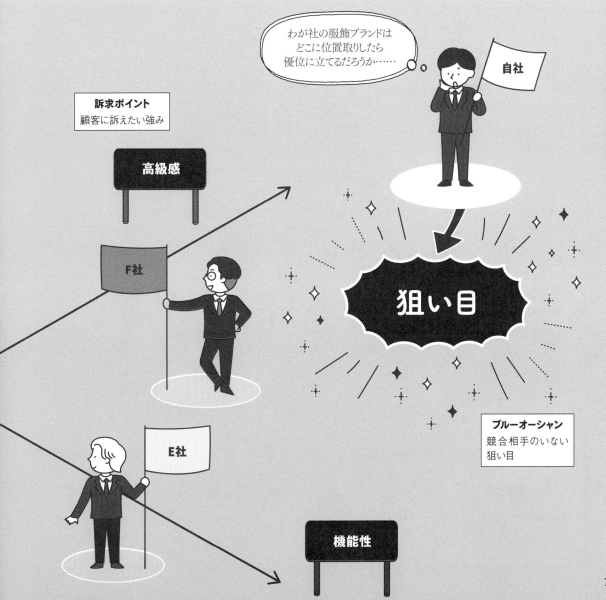

KEY WORD → ☑ 4P分析

14 自社製品のマーケティングで欠かせない４つの要素

マーケティング戦略を練るときに欠かせない、自社がコントロール可能な各要素を分析するツールです。

4Pとは製品（Product）、価格（Price）、チャネル（Place）、コミュニケーション（Promotion）の頭文字を取ったもので、自社がコントロール可能な各要素を分析するのが **4P分析** です。顧客にアプローチし、買ってもらえるようにしたり、マーケティング施策にモレがないかを確認したりするために用います。サービス業ではさらにPeople、Process、Physical Evidenceの3つを加えて7Pとされることもあります。マーケティングにおいてはそれぞれ複合して関連するため、4Pを用いた施策を「**マーケティング・ミックス**」と呼ぶこともあります。

4Pとは？

Price（価格）
標準価格、値引き、支払期限、信用取引条件など

Product（製品）
製品バラエティー、品質、デザイン、特徴、ブランド名、パッケージ、サイズ、サービス、保証、返品など

4Pにおける製品とは、製品そのものの価値に加え、名称やパッケージ、付随的なアフターサービスなどの価値や、製品ラインの広さ、ブランドなどの要素を考えます。価格とは定価や他製品とのバランス、チャネルは流通の長さや幅、どのような販路を用いるかといった要素です。コミュニケーションでは宣伝を伝える媒体やその内容について考えます。これら4Pを分析し、それぞれが整合したマーケティングになっているかどうか、また、ターゲットの顧客や商品のポジショニングにも整合しているかどうかを確認することがマーケティングの基本となります。4Pはどれも時代によって変化しますが、特にコミュニケーションは近年のSNSの利用のように、劇的に変化することがあります。

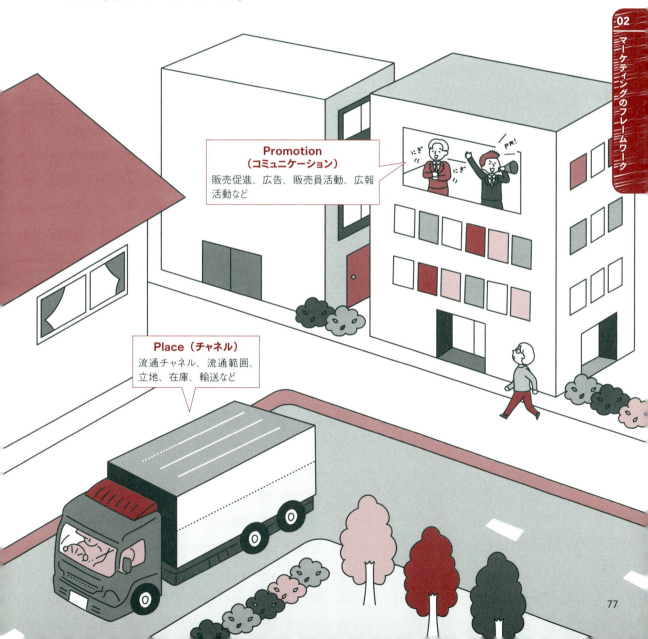

KEY WORD → ✓ AIDA　AIDMA

15 顧客の購買プロセスを知り、販売戦略に生かす

顧客が購買行動に移る際の段階を知ることで、購買行動からの離脱を防ぐ道を探ることができます。

消費者はどのようにして購入する製品やサービスを決めているのか。そのプロセスを説明するためのモデルが **AIDA** です。その商品を知っているかどうかという認知（Attention）、その商品に興味があるかどうか（Interest）、その商品がほしいかどうか、という欲求（Desire）、そして実際に購入する購買行動（Action）という4つの頭文字を取ったもので、DとAの間に記憶（Memory）を入れて **AIDMA** とされることもあります。これら4つ、あるいは5つのプロセスをスムーズに流すことで、顧客は商品を購入することになります。

AIDMA・AISASの法則と比較

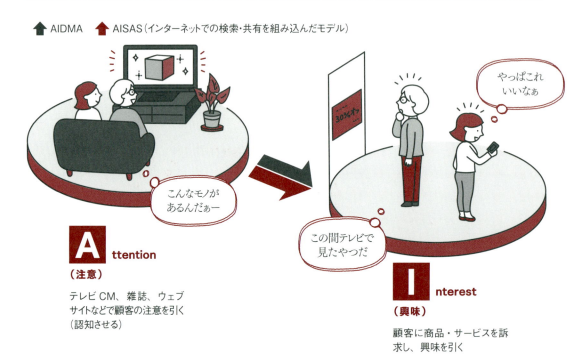

逆に購買に至らない場合、どのプロセスに問題があるのかを分析し、それに応じたコミュニケーション戦略を実行します。認知を得るためには広告によって知名度を上げ、興味を得るためには実際のサンプルなどに触れてもらう……といった形です。情報に溢れている現代では、特にまず認知してもらうための戦略が重要になります。また、Web上の口コミなどを経由した場合の行動プロセスは、AIのあとにサーチエンジンなどでの検索（Search）、レビューや比較サイトなどでの比較（Comparison）、検討（Examination）を挟み、そのあとに購買につながります。さらに、購買のあとに感想などをSNSを通じて他人と共有（Share）するまでの5段階（＋2段階）のプロセス（AISAS）が、Web上での行動分析には重要になります。

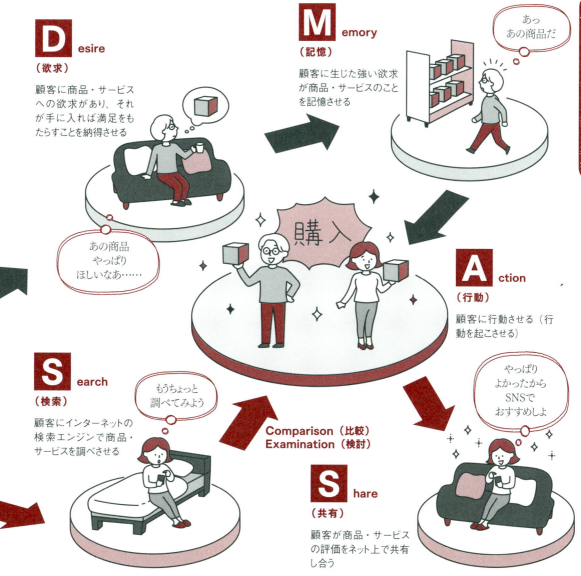

KEY WORD → ☑ コア・コンピタンス分析

16 自社の経営資源の強みを知り、生産から販売まで幅広く生かす

自社の技術やシステムなど、競合他社と比較したときの強みがどのように生かせるかを探るフレームワークです。

コンピタンスとは会社の持つ強みのこと。その中核となる部分、圧倒的な強みがコア・コンピタンスです。トヨタのかんばん方式に代表される生産システムなどが挙げられます。自社の**コア・コンピタンス分析**をすることで、新しい事業戦略を立案するときの大きな助けになります。コア・コンピタンスは、自社の強みを移転可能性、耐久性、代替可能性、模倣可能性、希少性の5つの面から分析します。移転可能性は、その強みがほかにも応用できるかどうかです。これは高すぎると流出の可能性が高まりますし、低すぎると応用範囲が小さくなってしまいます。

コア・コンピタンスを満たすための5つの要素

コア・コンピタンスはロンドン・ビジネス・スクールのゲイリー・ハメル客員教授とミシガン大学ビジネス・スクールのC・K・プラハラード教授の2人が提唱した概念で、主に以下の5つの要素から見極められます。

移転可能性（Transferability）
例えば1つの技術が、特定の商品だけでなく、その他の製品や分野へ応用することも可能なのか

模倣可能性（Imitability）
その技術や特性が簡単に真似できるものなのか。模倣可能性が低いほど競争優位性が高い

80

次の耐久性は製品そのものではなく、その技術や特性といった強みが、長期にわたって市場で優位を保てるかどうかです。代替可能性はその強みがほかの技術や特性で置き換えることができるかどうか、模倣可能性はそれが簡単に真似できるものかどうか、というものです。両者はいずれも競合他社にシェアを奪われるかどうかに関わってきます。代替可能性と模倣可能性が低いものは必然的に希少性が高くなりますが、それに限らず、その強みが手に入りにくいものかどうかを評価します。これらをすべて満たすのが強いコア・コンピタンスです。ただし、現在の強みが将来にわたってコア・コンピタンスであるとは限らないので、常に新たな強み、次のコア・コンピタンスを生み出す努力が必要です。

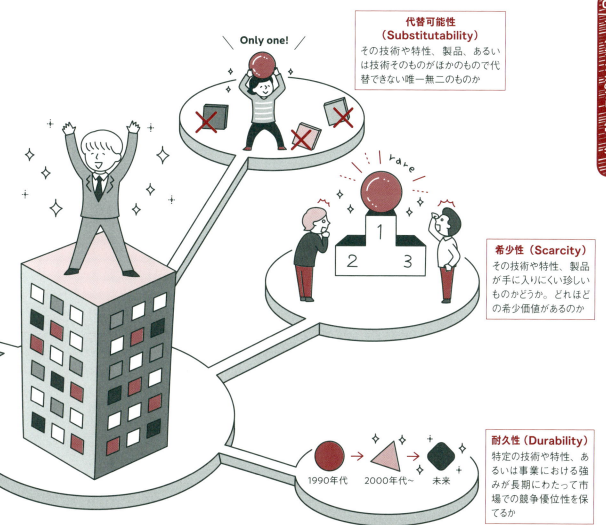

column

No. *02*

フレームワークを理解するために

覚えておきたい！

第2章

ビジネス用語集

☑ KEY WORD

マクロ環境 | P50

マクロ環境とは、円高や規制緩和のような、一企業による介入・統制が難しい政治的環境、経済的環境、社会的環境、技術的環境の4つの事象。また戦略策定の際、市場の動向調査のために分析することを、それぞれの頭文字を取ってPEST分析と呼ぶ。

☑ KEY WORD

人口動態 | P53

人口動態とは、出生率・死亡率・死産率・婚姻率・離婚率のほか、特定地域への住民の流入・流出を調査し、人口変動を示すデータのこと。性別や年代の人口数を示して用いることもある。

☑ KEY WORD

6R   P53

6Rとは、有効な規模（Realistic scale）、成長率（Rate of Growth）、競合（Rival）、優先順位（Rank）、到達可能性（Reach）、反応（Response）の6つからなる、市場セグメントをターゲティングする際に使用するフレームワークのこと。

☑ KEY WORD

レッドオーシャン   P54

レッドオーシャンとは、成熟してこれ以上の拡大が望めない1つの市場に、多数の企業が参入している状態。各企業が生き残りのため、市場のシェアの獲得に動くため、市場内での競争が激化する性質を持つ。

☑ KEY WORD

W・チャン・キム   P54

W・チャン・キムは、韓国のビジネス理論家の1人で、フランス・フォンテーヌブローのINSEADブルーオーシャン戦略研究所の共同ディレクターを務める。『ブルー・オーシャン戦略』をレネ・モボルニュと共著した。

☑ KEY WORD

レネ・モボルニュ   P54

レネ・モボルニュは、フランスのINSEADにて特別フェロー兼教授を務めている経営思想家。『ブルー・オーシャン戦略』をW・チャン・キムと共著した。「最も影響力のある経営思想家」にも数えられている。

☑ KEY WORD

外的／内的環境 P59

外的要因とは、自社との分析対象となる企業を取り巻く外部環境のことで、市場の動向や地域の文化などの要因を指す。内的要因は分析対象となる企業が持つ、人員や物資のほか、商品（Product）、価格（Price）、販売促進（Promotion）、立地・物流（Place）の4要素からなる4Pを含む経営資源や方策のことを指す。どちらも事業戦略を考える際の1つの要因となる。

☑ KEY WORD

NPS（ネット・プロモーター・スコア） P61

NPS（ネット・プロモーター・スコア）とは、顧客の企業への信頼度や愛着度といった顧客ロイヤルティを数値化し、指標としたデータのこと。「当社（や製品）のことを友達に薦める可能性はどのくらいありますか?」の質問をし、10点満点で答えてもらうことで測定する。

☑ KEY WORD

マーケティング・ミックス P76

マーケティング・ミックスとは、企業が考えたマーケティング戦略を達成するために、4Pを組み合わせて商品の企画や販売促進活動、営業活動の計画を立て実行すること。4Pそれぞれのシナジーが発揮されるような計画立案が要求される。

chapter
03

戦略を練るための
フレームワーク

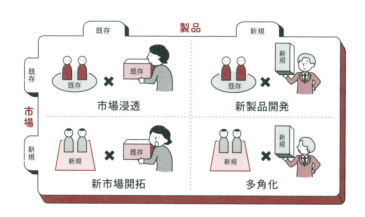

マーケティングのフレームワークで
自社と周囲を取り巻く環境を分析できたら
あわせて戦略も検討してみましょう。
このときも適切なフレームワークを当てはめれば
次に打つべき手が見えてくるでしょう。

KEY WORD → ☑ ピラミッド原則

01 ピラミッド原則でロジカルな主張を組み立てる

主張や事実関係などの根拠を積み上げ、明確でわかりやすい論理展開をするためのフレームワークです。

ある主張に関して、説得力を高めたり、分析したりするときに用いる、論理展開のフレームワークが**ピラミッド原則**です。まず一番上に主張や結論（メインメッセージ）を置き、その下に主張を支える複数の根拠（キーメッセージ）を置きます。さらにその下に、キーメッセージを支えるそれぞれの根拠を置いていきます。これを繰り返していくと、主張を頂点としたピラミッド型のロジック構造がつくられます。このとき、結論を優先するあまり飛躍したり都合のいい根拠ばかりを集めないように注意しましょう。

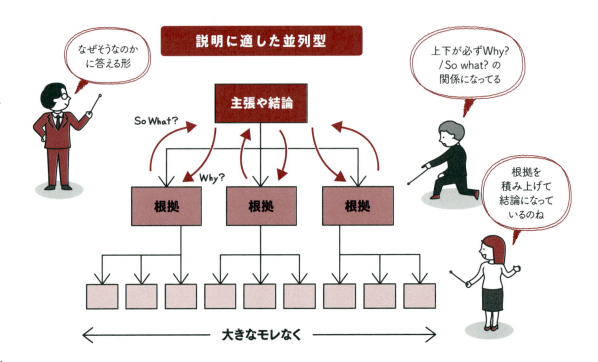

ピラミッド構造

ピラミッド原則では、まずイシュー＝論点を明確にすることが大事です。イシューが明確になっていないと、ピラミッド全体の構造があやふやになり、議論自体の価値もなくなります。イシューを設定したら、ロジックの枠をつくります。特に重要なのは、主張のすぐ下の根拠です。ここをきちんと導ければ、きちんとピラミッド構造になっていくはずです。ポイントは、ピラミッドのどの階層においても、上段から下段に向けて「Why?（なぜ）」の問いかけに答え、下段から上段に向けて「So What?（だから何）」に答えるという関係が成立していることです。特に難しいのが、So What? を正しく導くことです。集めた事実から正しい結論を導けているか、しっかりと考えるようにしましょう。

KEY WORD → ☑ 相関分析

02 2つのものごとの関係性を分析するフレームワーク

因果関係のある2つのものごとの関係性を正確に把握するためのツールです。

2つの異なる要素について、関連性を分析するためのフレームワークが**相関分析**です。ものごとの因果関係を分析したり、ある施策に対する効果の測定、過去のデータから未来を分析する際などに役立ちます。相関分析のためには、それぞれの要素を縦軸と横軸の二次元図に展開し、分析するデータをその図の上にプロットします。要素Aが大きくなると要素Bも大きくなることを正の相関、逆にAが大きくなるとBが小さくなることを負の相関といい、お互いの関係にばらつきが小さいほど強い相関、ばらつきが大きいものを弱い相関といいます。

ものごとの因果関係を表す相関図

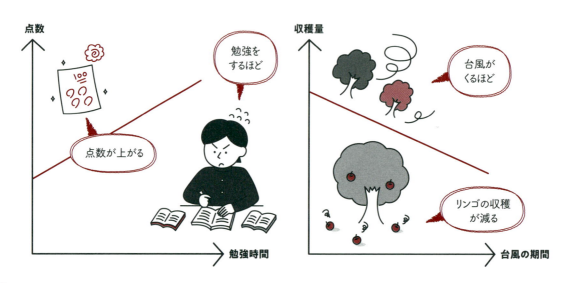

例えば、試験の成績を縦軸、実務におけるパフォーマンスを横軸に取るとします。試験の成績がよいほどパフォーマンスも高い人が多いのであれば強い正の相関が成立していることになります。正負いずれであっても強い相関であれば２つの要素の間には法則性や連動性があり、弱い場合はあまり（もしくは全く）関連がないことになります。このようにして、２つの要素に因果関係があるのか、別の要因による相関関係があるのか、相関から外れた特異点には何か理由があるのか、といった分析を行います。一見（あるいは一般的に）関係があるように思われている要素が、実は相関関係にはない、という事実を発見するのも、相関分析の重要な役割です。

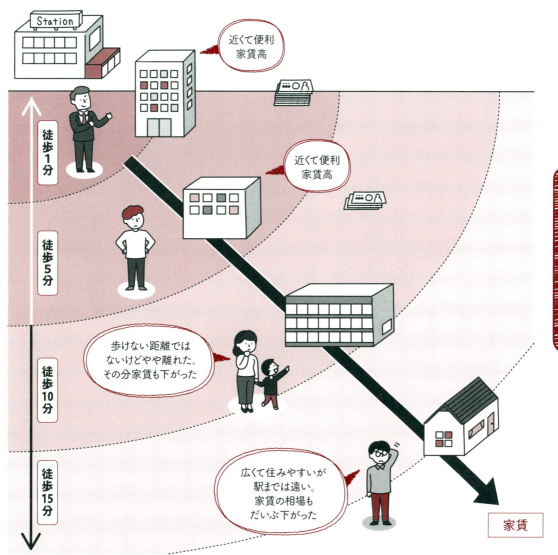

KEY WORD → ☑ KBF分析

03 購買動機を分析して戦略立案に生かす

顧客の購買行動の原因となっているものを見つけ出し強化するために行う分析です。

企業において、自社のターゲット顧客が何を重視しているかを見極め、マーケティングや新製品開発に活用できるのが**KBF分析**です。KBFとはKey Buying Factorsの頭文字で「**重要購買決定要因**」と訳されます。製品やサービスを購入する顧客がそれを購入する理由は複数ありますが、その中でも特に重要な判断材料を分析します。KBFを知るためには、まずセグメンテーションとターゲティングを行います。そのうえで、顧客に対するアンケートやインタビューが一般的に行われます。

現状把握に必須のフレームワーク

90

アンケートでは、購買決定要因となりそうな要素を10個ほど挙げ、ターゲット顧客がそれぞれについてどの程度重視しているかを答えてもらいます。この際、大事な候補は見落とさないように注意します。重要なのはそこでとどまらず、最も重視されているとわかった要素を、自社の製品やサービスがどの程度満たしているのかを分析することです。KBFを満たしている自社製品が、それほど満たしていない競合他社の製品より売れていない場合、そこにはKBF以外の理由が存在することになります。一方、製品がKBFを満たしていないのであれば、それは次の製品開発に生かすことができます。このKBF分析は一般消費者だけでなく、BtoBにおける法人顧客にも適用できますが、広範囲に調査するのは一般消費者よりも困難になります。

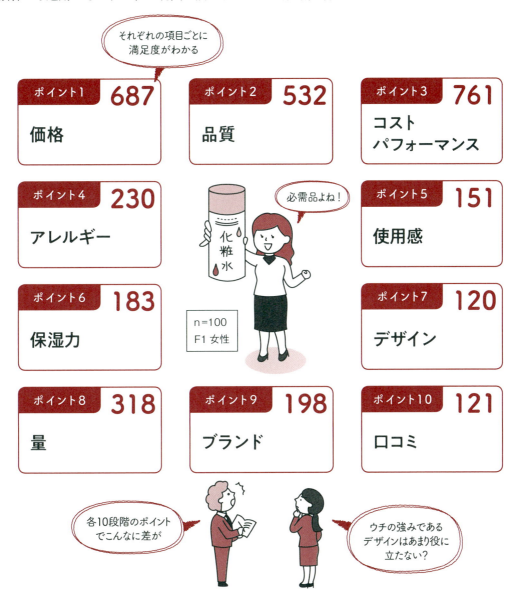

KEY WORD → ☑ 彼我分析

04 他社の実力を知り、自社が勝てる道を探る

ライバル会社と自社を比較して、ライバルに勝つ道を見つけるために行う分析フレームワークです。

自社（我）と競合するライバル企業（彼）に関して、経営資源や財務指標などを比較し、ライバルとの差を分析するためのフレームワークが彼我分析です。**彼我分析**において重要なのは、まず誰と比較するかです。特段の理由がなければ、ライバルではない企業と比べても意味は薄いでしょう。一般的には、同じ業界における戦略上最も重要なライバルと比較します。業界のトップ企業であれば第2位企業、第2位であればトップ企業と比較します。シェアが低い企業であれば、近い位置の企業と比較をします。

競争相手の商品と比較して方向性を決める

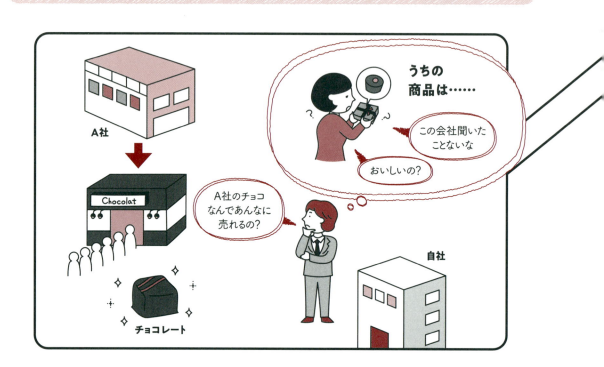

次に重要になるのが、どの項目を比較するかです。全体戦略や事業戦略を念頭に置いて分析するのであれば、バリューチェーンの違いや経営資源の違い、財務指標の差異を比較します。一方、製品のマーケティングであればターゲットとする顧客層や4P（P76）などのマーケティング要素について分析する、というように、目的に応じた適切な項目設定が必要です。難しいのは、自社はともかくライバル企業の内部的な要素を知ることは難しいので、表層的な比較にとどまってしまう可能性が高い点です。なお、このフレームワークは、自社内における部署間の比較などにも使えます。この場合、内部要素も知りやすいので、部署間の違いを分析し、長所や克服すべき問題などを明らかにできます。

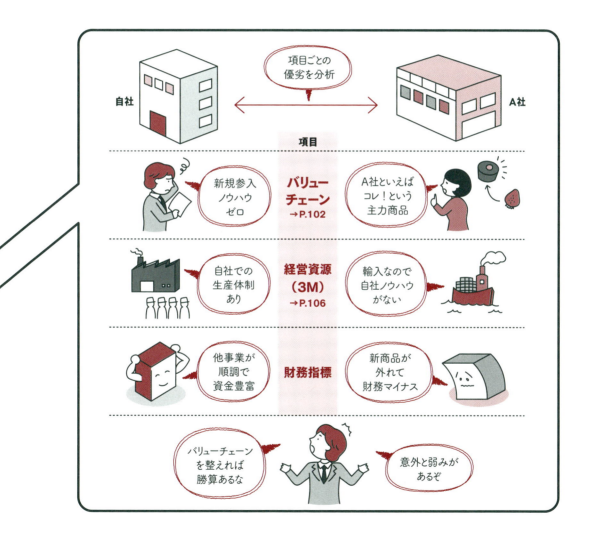

KEY WORD → ☑ 3C

05 現在の状況を 3つの視点で分析

自社の事業にはどのような課題があるのか。3Cを分析することでそれを明らかにします。

3C とは、自社の戦略策定を行う際に利用するフレームワークです。マーケティングにも活用できます。利害関係にある3つの「C」を分析することで、自社の立ち位置を明確にし、バランスよく経営戦略を構築したり、新規顧客や事業を開拓できます。また、既存の事業に関しても、どの部分にテコ入れをするべきか、という分析にも利用できます。3Cにおける3つのCとは、Customer（顧客・市場）、Competitor（競合）、Company（自社）の3つで、ビジネスにおける主要な利害関係者のそれぞれを示しています。

3Cの視点から問題点を提起

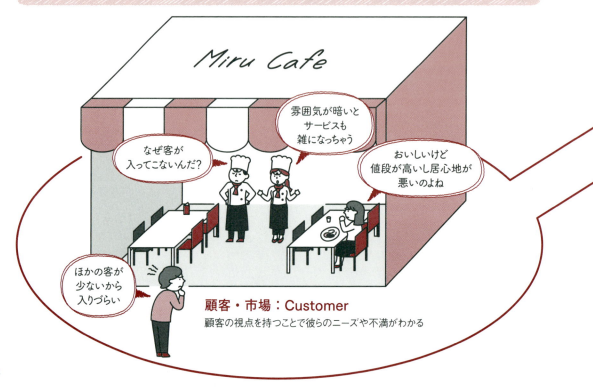

顧客・市場：Customer
顧客の視点を持つことで彼らのニーズや不満がわかる

この3つを、それぞれの視点から分析することが3Cの肝になります。顧客・市場は顧客の特性やニーズといったミクロな視点と、市場の規模や構造、成長率といったマクロな視点があり、マーケティングにおいて最も重要な要素です。競合は競争相手や競争の状況に関するものです。どの程度競合他社があって寡占度がどのくらいか、新規参入はどの程度あるのか、といった要素を分析します。最も情報収集が難しく、対象を絞り込むことが必要になる要素です。自社は3M（P106）に代表される経営資源や、活動状況の分析です。持っているブランドイメージなども含まれます。さらにアライアンスを組んだ他社などの要素を入れるため、協力者(Co-Operator)を加えて4Cとすることもあります。

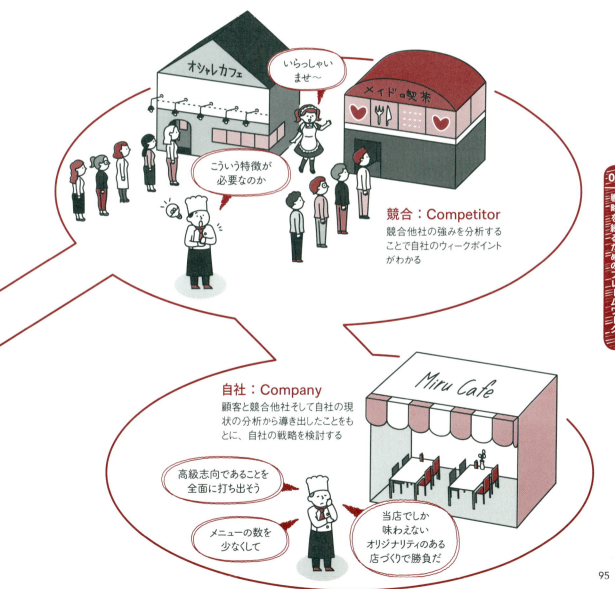

KEY WORD → ☑ 5フォース分析

06 参入する業界を分析する基本のフレームワーク

自社が新規参入する業界の魅力度の分析を行うフレームワークとして非常によく使われます。

業界を分析するためのフレームワークが**5フォース分析**です。**マイケル・ポーター**教授によって提唱されたフレームワークで、企業を分析する際にその前提として業界の魅力度について分析したり、他業界に新規参入するか否かを決定したりするときに利用できます。具体的に5つの力（フォース）とは、①業界内の競争、②買い手の交渉力、③売り手の交渉力、④新規参入の脅威、⑤代替品の脅威です。それぞれが業界の利益を削減する力ということもでき、それぞれの力が弱いほど新規参入には魅力的といえます。

5フォース分析で判断する

売り手の交渉力
材料などの供給業者（売り手）が生産を独占していると売り手側の交渉力が強くなる

フォース3

代替品の脅威
自社商品と同じニーズを満たす代替品のこと。性能が他社より高ければ優位

フォース5

①は競争が激しければ利益の確保が厳しくなります。業界の成長率以上に競合が多かったり、製品の差別化ができない場合強くなる力です。②は買い手が寡占状態であったり、容易に購入先を切り替えられると強く、③は逆に売り手の寡占状態や、顧客が購入先を切り替えにくい場合に強くなります。④は、投資額や規制などの参入障壁が低いほど強くなります。⑤は、より安く代替可能な商品があるほど大きくなります。こうして全体の業界分析を行ったあと、新規参入であれば自社が競争に勝ち残るだけの優位性が築けるかどうか、あるいはすでにその市場にいる他社がどの程度の競争力を持っているかどうか、といった業界内の個別事例について分析していきます。

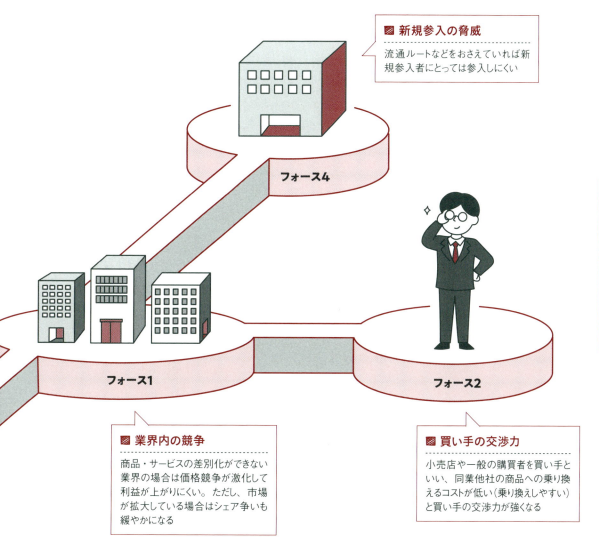

KEY WORD → ☑ アドバンテージ・マトリクス

07 自社が優位に立ち回れる市場を見つけ出す

自社がどの市場を選ぶことで優位に立てるかを分析するフレームワークです。

アドバンテージ・マトリクスは、**ボストン コンサルティング グループ**によって提唱されたフレームワークで、「競争上の戦略変数（A）」と「競争優位性構築の可能性（B）」の2つの軸のマトリクスを用いて事業タイプを4つに分類するものです。前者は競争要因の多さということもでき、後者は、競合に対して優位になる要素の大きさです。自社の事業において成長戦略の方針を定めたり、新規事業の戦略のヒントを得るためのフレームワークです。また、ニッチな市場を探し出してニッチ事業の戦略を取るためにも利用できます。

アドバンテージ・マトリクスとは

Aが多くBが小さい場合は「分散型事業」となり、大企業が少なく、規模を大きくすることが必ずしも重要とはならない業界です。個人商店や中小企業の乱戦といった分野になります。Aが多くBも大きい業界は「特化型事業」となります。自社が勝てる事業領域を選び、そこで強みを発揮できれば十分な収益を得られる事業です。Aが少なくBも小さい事業は「手詰まり型事業」となり、規模も含め、意味のある競争変数が少ない業界です。現在利益を得ている企業にとっては安定しているともいえます。Aが少なくBが大きいのは「規模型事業」です。企業（事業）規模以外の競争要素がほぼ存在しない業界で、製品が単純で差別性が少なく、規模の効果が出やすい事業といえます。

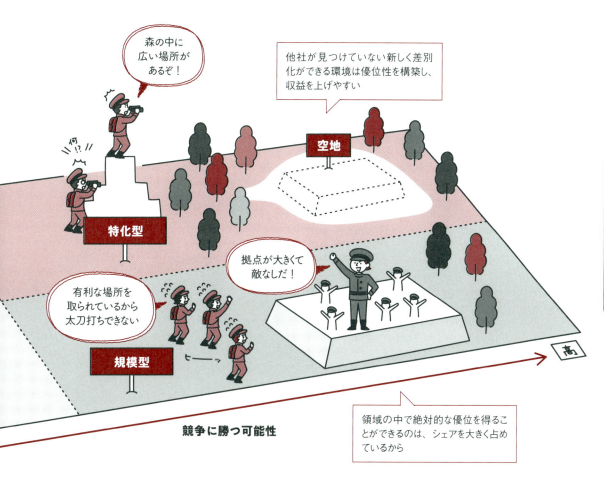

KEY WORD → ☑ VRIO 分析

08 自社の経営資源の有効性を見極める

自社の資源が他社と比較して優位になるもの（強み）であるかを分析するツールです。

自社の持つ経営資源を正確に評価するために用いるフレームワークが**VRIO分析**です。**ジェイ・B・バーニー**によって提唱されたもので、**リソース・ベースド・ビュー（RBV）** という考え方に基づき、企業の持つリソースの中で価値のあるものを評価します。VRIOは4つの評価軸の頭文字で、外部の機会を活用し脅威を排除する経済価値（Value）、他社にない希少性（Rarity）と製品を模倣されにくい模倣可能性（Imitability）、それらの資源を活用する組織能力（Organization）の4つからなります。

VRIO分析で自社の価値を測る

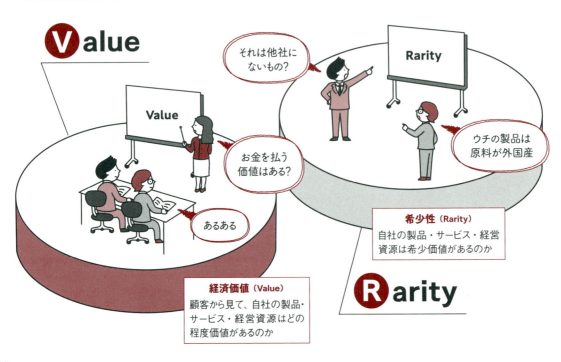

経済価値（Value）
顧客から見て、自社の製品・サービス・経営資源はどの程度価値があるのか

希少性（Rarity）
自社の製品・サービス・経営資源は希少価値があるのか

具体的に経済価値は、持っている資源によって、SWOT分析（P58）におけるO=機会を捉えたり、T=脅威を打ち消すことができるかどうかのリソースです。希少性では、その資源を持っている企業がどれほどあるかを評価します。模倣可能性は、保有していない企業がその資源を得ようとした場合に、コストや不利が生じるかどうかを分析します。組織については、これらの資源を活用するための組織体制や仕組みが整っているかどうかを検討します。このVRIOの4つの要素を満たしていれば、保有資源を活用し、持続的な競争優位性を保つことが可能な企業である、と評価できます。VRIOはバリューチェーン分析（P102）や5S（P150）と組み合わせることでさらに有効に活用できます。

KEY WORD ➡ ☑ バリューチェーン分析

09 価値を生む主活動とサポート活動を分析して長所を伸ばす

企業がどこにコストをかけ、価値を生み出しているかを機能に切り分けて分析するツールです。

企業の事業戦略がどのように価値を生み出しているかを分析し、有効性や問題点を発見するためのフレームワークが**バリューチェーン分析**です。チェーンとは連鎖のことで、企業が直接的に価値を生む5つの主活動と、主活動をサポートする4つの支援活動、さらに「マージン」を加えて全体の付加価値構造を示しています。主活動は購買（仕入れ）→製造（加工）→物流（出荷）→販売（営業）→サービス、というように、活動の連鎖によって顧客へ価値を生み出しています。

バリューチェーンで分析する

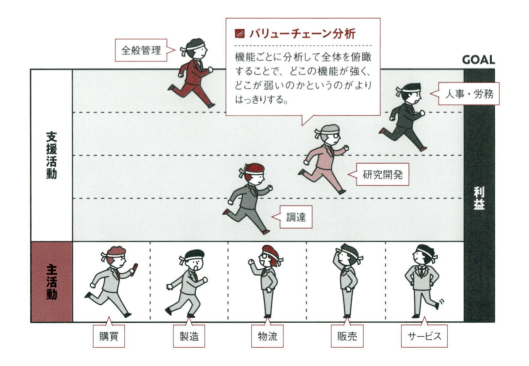

一方、支援活動には経営管理、人事管理、研究開発、調達の4項目が該当します。支援活動が主活動を支え、主活動のそれぞれが連鎖して価値を生み出す、というように、企業全体を個別の活動に分解することで、それぞれが生み出す価値とコストがわかりやすくなります。バリューチェーン分析を行うことで、顧客に大きな価値を生んでいる活動はそのまま強化や維持を行い、連鎖を阻害するボトルネックを改善する、という判断ができるようになります。また、他社と提携したり、アウトソーシングしたほうが効率的な活動も、バリューチェーン分析によってわかりやすくなります。自社だけでなく、競合企業のバリューチェーンを分析すれば、業界のKSF（成功のカギ）や自社の方向性もわかりやすくなります。

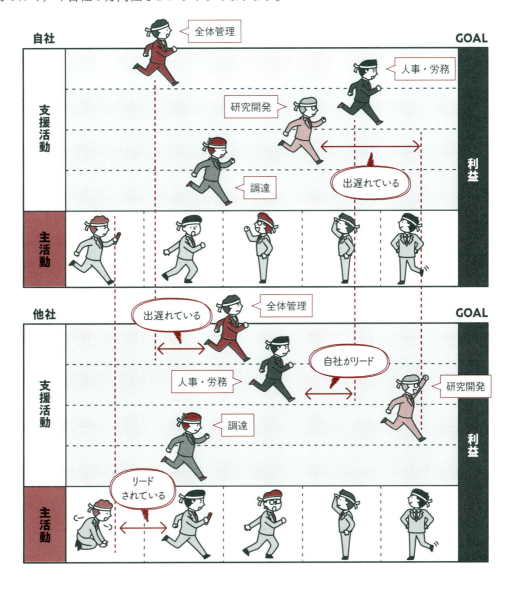

KEY WORD → ☑ 3つの基本戦略

10 競争で優位に立つ方法を コストと範囲の面で判断する

経営戦略において取るべき戦略を3つに分けたフレームワーク。資源の特性に合わせた選択があります。

マイケル・ポーターは5フォース分析（P98）やバリューチェーン分析（P102）を提唱したハーバード大学経営大学院の教授です。そのポーター教授が、企業の置かれた状況の中で取るべき戦略を提唱したのが「**3つの基本戦略**」です。それぞれ「コスト・リーダーシップ戦略」「差別化戦略」「集中戦略」で、競争で優位に立つ方法を低コストと差別化に区切り、競争の範囲を広いか狭いかに区切ったマトリクスで示されます。狭い競争範囲で事業展開するのはいずれも集中戦略にあたり、コストに集中するか、差別化に集中するかの違いになります。

企業戦略は市場と資源の分析から

コスト・リーダーシップ戦略は広い範囲で、コストの安さで勝負するという戦略です。同じ商品であれば、一番安い価格で提供できるものが勝つ、という考え方になります。差別化戦略は、同じく広い範囲で勝負しますが、価格は高くても、それ以上の価値あるものを提供できれば勝つという考え方です。いずれの戦略も、目論見通りに働けば優位性を得られますが、いつまでもそれが続くとは限りません。差別化戦略であれば、模倣されたり、より付加価値の高い商品に人気が移行してニーズを失う場合があります。差別化した価値以上のコストの差がついても、戦略は失敗してしまいます。常に自社を取り巻く環境を見据えつつ、新たな競争優位性を探す必要があるでしょう。

ポーターの3つの基本戦略

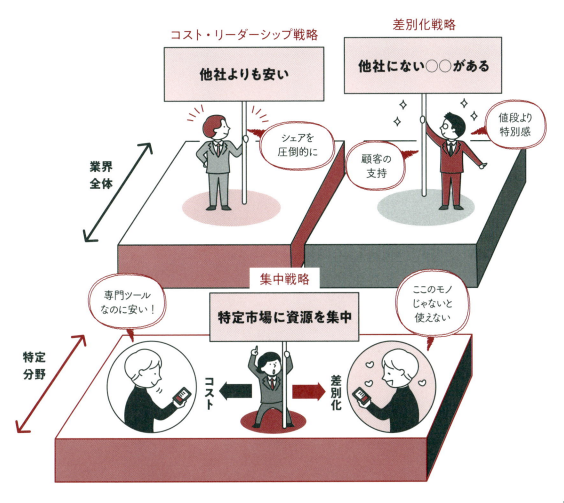

KEY WORD → ☑ 3M

11 企業の経営資源の基本である ヒト、モノ、カネを分析する

経営戦略を考える際に必要なのが、自社が持つ3つの力（3M）の現状を正確に把握することです。

3Mとは、企業の持つ3つの経営資源を示したもので、ヒト（Men）、モノ（Materials）とそれらを動かすためのカネ（Money）のことを指します。

ヒトは労働力や人材とそれぞれの能力に加え、人事部門が関与する採用、配置、教育、評価、報償といった面も含まれます。モノは土地建物や設備、材料、商品のことで、カネは企業の保有している資金・資産だけでなく、資金調達や利用、管理といった分野の能力も含まれます。いずれも重要ですが、最も重要とされるのがヒトです。

企業の持つ3つの経営資源

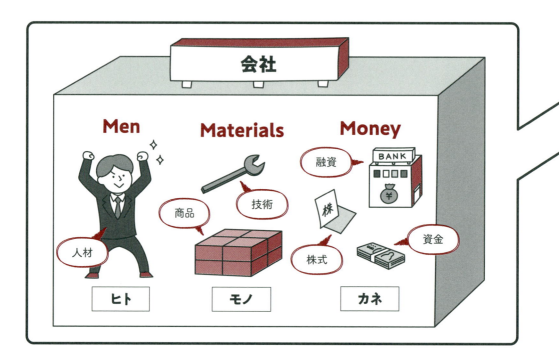

モノやカネを生かすも殺すもヒト次第ということは当然ですが、カネやモノをヒトでカバーすることはできないので、これらの経営資源はどれが欠けても成り立たない重要なものといえるでしょう。いずれも不足しないよう調整することが必要になります。

また、IT化が進んだ現在においては、3Mに加えて、ビジネスに必要なデータや知識を意味する「情報」を含めた4つを重要な経営資源とする考え方も一般的になってきました。その他、ビジネスにおいてはスピード感が重視されることから「時間」も重要な資源とする人もいます。さらに知恵や外部の人間との関係性のような社会関係資本を、経営資源とする考えも出てきています。

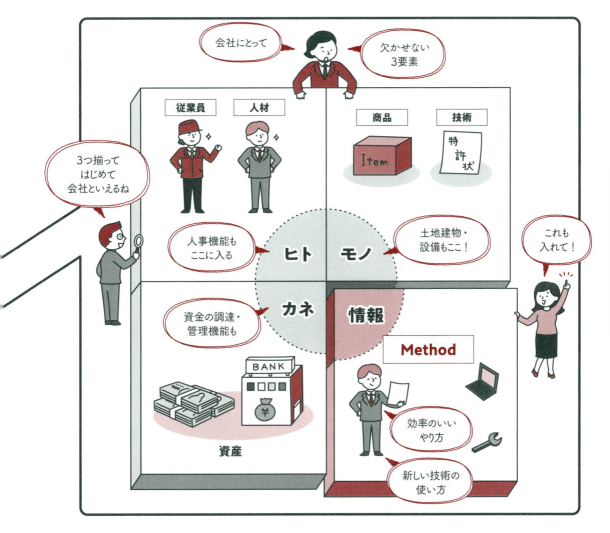

KEY WORD → ☑ ビジネスモデル

12 自社の経営戦略をもとにした ビジネスモデルを考察する

何を売り、どうやって利益を得るかは単純なようで難しい問題です。
ビジネスの仕組みをつくる方法を見つけましょう。

ビジネスモデルとは簡単にいえば「誰に何をどのように提供し、利益を得るか」というビジネスの仕組みのことです。ビジネスモデルは新事業を立ち上げる際には必須となる要素です。さらに、既存の事業や商品の特徴を改めて整理することで、事業のテコ入れにも活用できます。ハーバード・ビジネススクールの**クレイトン・クリステンセン**教授のグループは、これを要素に分解して説明するためのフレームワークを提唱しました。これは顧客価値提案（CVP）と利益方程式、そして主要業務プロセス＆主要経営資源という3つの関連図で示されます。

ビジネスモデルとは？

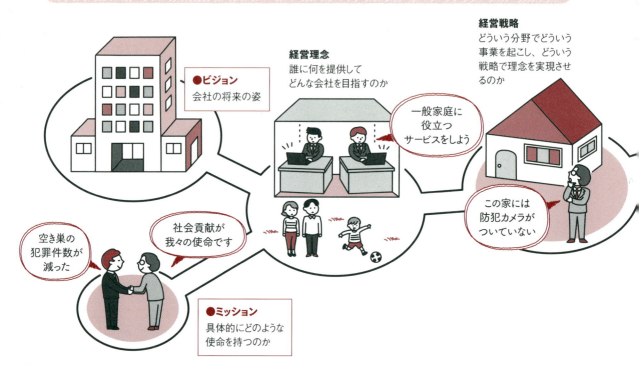

顧客価値提案とは、「どんなターゲットに何を提供するか」を示すものです。どのような顧客ニーズに応えているか、という部分まで考えることが重要になります。利益方程式は、収益モデルとも言い換えられますが、それだけでなくコスト削減で利益を確保したり、無料で顧客を集めてあとから儲けを得る、といったユニークなモデルも含まれます。主要業務プロセスは事業全体のバリューチェーンやそのプロセス、主要経営資源は前項で見た3Mに代表される自社の持つ資源です。事業をこのフレームワークで分析することで整理できますが、単体のビジネスモデルに囚われず、複数の事業ポートフォリオを用意したり、新事業推進にあたってはビジネスモデルを固定化しないほうがいい場合もあります。

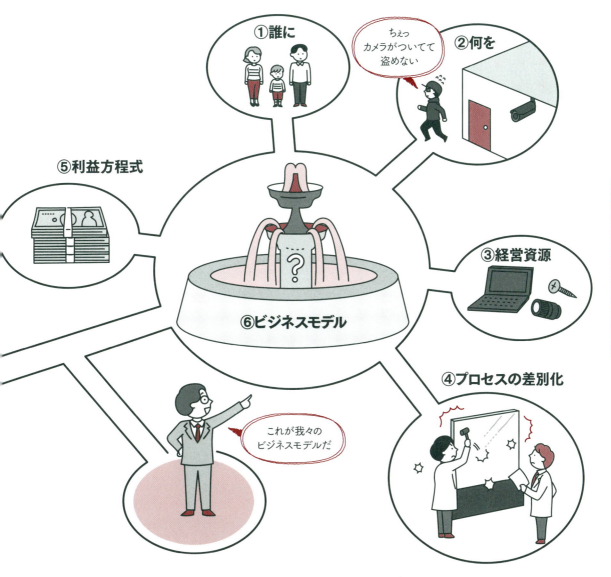

KEY WORD → ☑ ランチェスターの法則

13 弱者でも生き残れる戦略を学ぶ

軍事とビジネス、一見まったく違う分野でも、実は共通の法則が適用できます。他社に勝つための法則とは？

ランチェスターの法則とは、第一次世界大戦当時に、F・W・ランチェスターが提唱した軍事関連の数理モデルです。近世以前の戦いでは「攻撃力＝兵力数×武器性能」という第一法則、近代戦になってからは「攻撃力＝兵力数の二乗×武器性能」という第二法則が適用される、というものです。武器性能の上がった近代戦では兵力差がより圧倒的な差となって現れる、ということを示しています。本来は実際の戦闘に関するものですが、ビジネスにも応用可能で、日本ではこの法則をビジネスフレームワークに適用した考え方があります。

ランチェスター戦略®とは？

※ランチェスター戦略®は株式会社ランチェスターシステムズの登録商標です。

第一の法則：一騎打ちの法則
2倍の兵力があるとき戦力差は2倍

第二の法則：集中効果の法則
2倍の兵力と兵器があるとき戦力差は4倍になる

ランチェスター戦略®が示すのは兵力が少ない側は「一騎打ちの法則」に持ち込み、兵力が多い側は「集中効果の法則」に持ち込むべきということ

1970年代に、経営コンサルタントの田岡信夫氏は、ランチェスターの第一法則をビジネスにおける弱者の戦略として紹介しました。これはもともと局地戦に適用可能な法則で、戦場を絞り込んで兵力を集中投入するように、事業分野を絞り込んで経営資源を集中投入することで、より規模の大きい企業を相手にしても事業においては勝利することができる、という考え方です。中小企業においては現在でも一点集中主義や差別化戦略によって、局地戦を挑む考え方は活用されています。一方、第二法則は大企業の戦略において利用できます。この場合、兵力は企業規模にあたります。より広範囲に経営資源を投入し、より多くの顧客にミートする戦略を取ることで利益を得ることができるというわけです。

大企業と戦う「一騎打ちの法則」

One point

個人経営や中小企業が大企業と戦うには、エリア戦略、差別化、アイデアなどを駆使しなければならない

03 戦略を練るためのフレームワーク

KEY WORD → ☑ プロダクト・ポートフォリオ・マネジメント（PPM）

14 事業や商品の業界内でのポジションを明らかにする

経営において、どこに投資して、どの事業は撤退するかは重要な課題です。失敗せず判断するには、どうすればよいでしょうか。

プロダクト・ポートフォリオ・マネジメント（PPM） とは、各々の事業にどれだけ投資するかを検討するためのフレームワークです。ボストン コンサルティング グループによって開発されました。ポートフォリオとは投資対象の一覧表を意味しますが、それを分析のために用いる方法です。市場成長率と相対シェアを評価とした二次元マップを用います。市場の成長が見込めるなら、シェアが低くても投資によるリターンが期待できます。一方で成熟した市場では新規にシェアを得ることは難しくなります。

商品ごとの現状分析

市場成長率も相対シェアも高い事業は「花形事業（スター）」となります。一見派手ですが、投資額も大きいので、市場地位を守って市場成長率が低く相対シェアの高い「金のなる木」に事業を変化させることが必要です。一方、成長率が高いものの相対シェアが低い事業は「問題児」事業で、投資して「金のなる木」にしたいところですが、成長率次第では撤退を考えます。成長率も相対シェアも低くなった事業は「負け犬」で、早期に撤退するのが賢明です。このように、企業が抱えるそれぞれの事業について分析し、選択と集中を図るために用いるのがPPMです。ただし、これだけで考えていると、事業間の相互作用についての視点が抜けているので、その点は注意が必要です。

●事業や商品のポジションは4つに分けられる

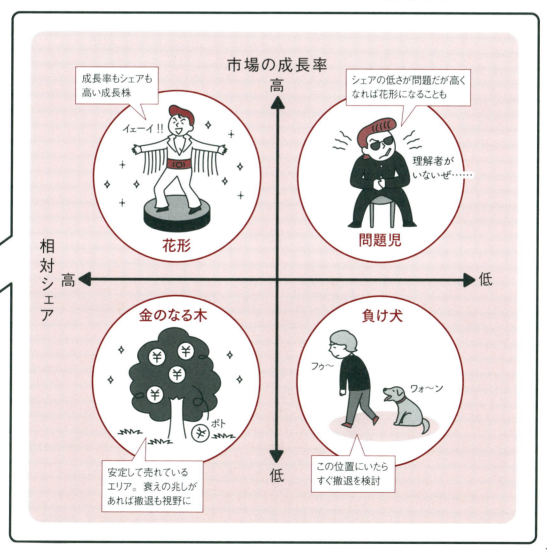

KEY WORD → ☑ アンゾフの成長マトリクス

15 事業の成長・拡大を考えるブレストツール

企業では成長を続けることが必要になります。
どのように成長させるべきかを判断するための方法を考えましょう。

経営学者の**H・I・アンゾフ**によって提唱されたのが**アンゾフの成長マトリクス**です。事業拡大マトリクスとも呼ばれ、企業における事業の成長戦略を考えるフレームワークです。また、自社の取り組みにおいて抜けている施策、特に多角化の取り組みにおいて、シナジーが本当に効いているのか分析するために利用できます。さらに過去の成功事例を分析すれば、自社の得手不得手を確認できます。アンゾフ成長のマトリクスでは、市場（顧客）と製品（技術・サービス）のそれぞれについて、「既存」と「新規」の2つに分類していきます。

アンゾフの成長マトリクス

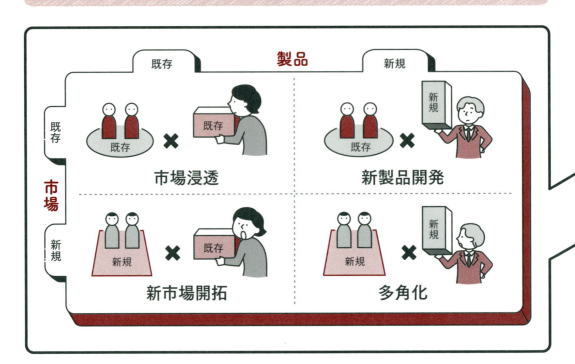

既存の市場と製品の組み合わせは「市場浸透」の方向で、シェアを拡大していく戦略が取られます。既存の製品で新たな地域に売り出すといった「新市場開拓」と、既存の市場で新たな属性を追加したり製品ラインを拡張する「新製品開発」といった方向性は、既存のものと新規のもののシナジーを生み出すことができます。新商品で新規市場を生み出す「多角化」は、うまく行けば大きく事業の規模を拡大できますが、リスクも高くなります。最も成功率が高いとされるのは市場浸透で、顧客単価を上げたり、ヘビーユーザー化するための施策も含まれます。こういった形で事業拡大をすることで、成長に寄与するだけでなく、リスク分散や社内スキル・ノウハウの蓄積にもつながります。

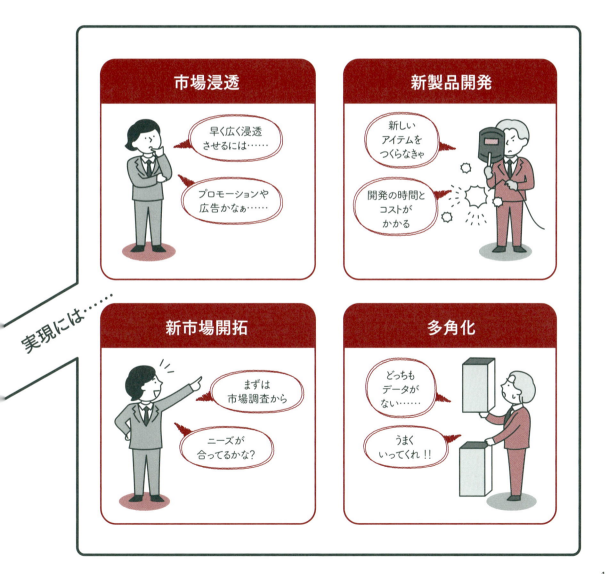

KEY WORD → ☑ クロスSWOT

16 SWOTの4項目を使って選ぶべき戦略を見つける

SWOT分析はあくまでも分析の第一歩です。
その結果を事業戦略や経営戦略につなげるためにはもう一歩踏み込むことが必要です。

58ページで紹介したSWOT分析では、内部環境と外部環境、プラスとマイナスという、2つの軸のマトリクスで、強みと弱み、機会と脅威というS、W、O、Tの4項目を導き出しました。これらの4項目を利用し、戦略の方向性を検討するためのフレームワークが**クロスSWOT**です。点にすぎなかった各要素を、連携させて戦略につなげるためのものになります。SWOT分析で導き出したそれぞれの要素を軸としたマトリクスを構成し、それらが重なる部分に4種類の戦略が導かれます。

クロスSWOT分析

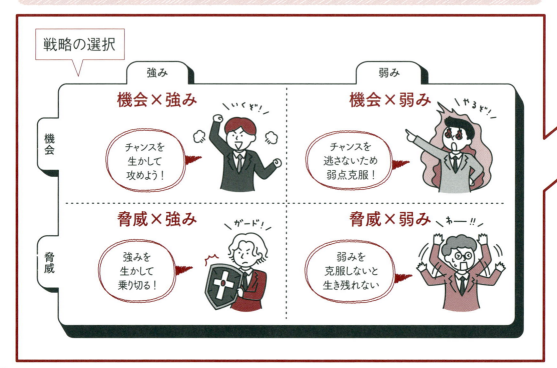

「機会と強み」がクロスする部分は、自社が最も競争優位性を発揮できる部分になります。まずはこの部分の戦略に力を入れるべきでしょう。「脅威と強み」のセルは、脅威を克服するために自社の強みを生かせる戦略、「機会と弱み」では弱みを克服することで機会を生かす、あるいは弱みによって機会を損失しないようにすることが必要です。「脅威と弱み」では自社にとって最悪の事態を回避する、あるいは弱みを克服して脅威に打ち勝つという、大きいマイナスをプラスに転換するための戦略を検討します。

クロスSWOTを利用する際には、SWOT分析により各項目が十分な質と量で導かれているかどうかが重要になります。

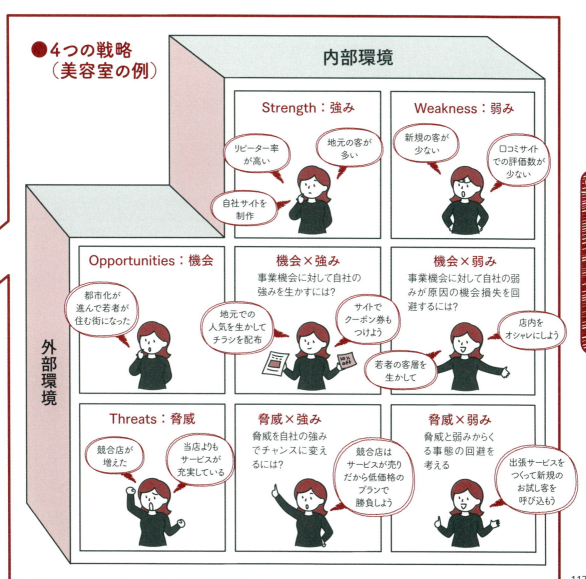

●4つの戦略（美容室の例）

KEY WORD → ☑ ビジネスモデル・キャンバス

17 ビジネスモデル・キャンバスで発想をビジネスモデルに育てる

ビジネスモデルはどうやってつくればいいのでしょうか。
9つの要素をまとめることで、導き出すことができます。

108ページで解説したビジネスモデルを理解し、構築するためのフレームワークが**ビジネスモデル・キャンバス**です。アイデアをビジネスモデルにつなげるためのツールともいえます。ビジネスモデル・キャンバスでは、互いに関連し合う9つの要素を整理し、1枚のキャンバス上に展開していきます。それぞれ「顧客セグメント」「価値提案」「チャネル」「顧客との関係」「主要活動」「主なリソース」「キーパートナー」「コスト構造」「収益の流れ」という9つの項目で書き出します。

ビジネスモデル・キャンバスのつくり方

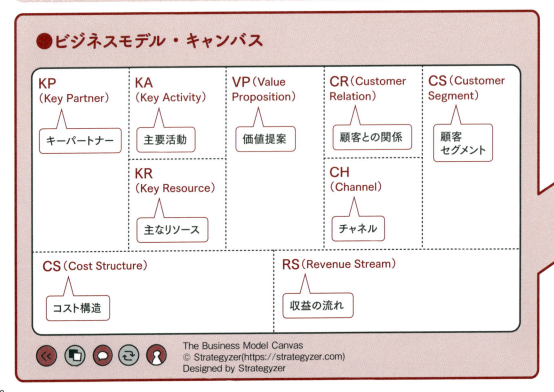

それぞれをどういう順番で、どういうまとめ方をするかは目的によって変わりますが、わかりやすいまとめ方としては、商品やサービス（＝価値）を提供する相手の顧客セグメント、提供する価値が何かという価値提案、価値を届ける手段やプロセスであるチャネル、顧客との関係性構築を考える顧客との関係は、ビジネスモデルの核になる部分としてまとめます。収支に関わる収益の流れとコスト構造をまとめ、さらに、主要活動と、保有している資産や資源を示す主なリソース、そして外部委託先や調達先キーパートナーは、組織の体制としてまとめることができます。これらを書き出してまとめることで、不足しているものは何か、強みはどこか、を知ることができます。

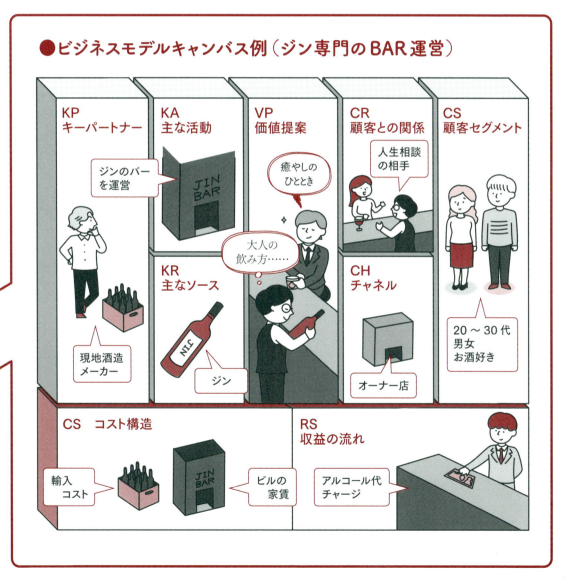

●ビジネスモデルキャンバス例（ジン専門のBAR運営）

KEY WORD → ☑ スキーム図

18 ヒト・モノ・カネの3Mの関係性と流れをつかむ

ビジネスの流れをより具体的な形に落とし込んだのがスキームです。図示することでその動きが理解しやすくなります。

ビジネスにおいてスキームという言葉はよく使われますが、日本語では計画／仕組み／構造といった意味になります。組織が商品やサービスを提供し、収益を得るための事業の仕組みや構造を図で示すというフレームワークが**スキーム図**です。スキーム図に展開するのは、まず主要なヒト、モノ、カネの3M（P106）の関係性とその動きです。ヒトは個人に限らず、調達先や協力会社などの組織も含みます。モノにはノウハウや情報などの形のないものも含みます。ビジネスモデル・キャンバス（P118）で挙げた9要素が整理できていればつくりやすくなります。

スキーム図はわかりやすく

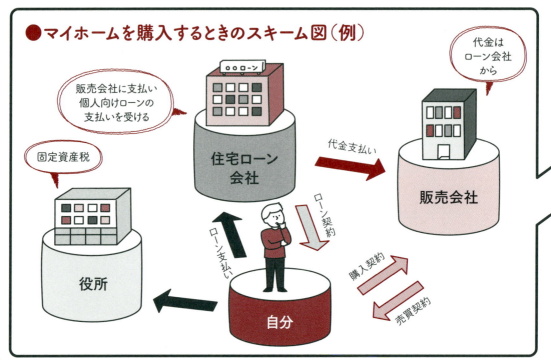

●マイホームを購入するときのスキーム図（例）

重要なのは、これらの各要素の間でどのようなやり取りが行われるか、という関係性の部分です。細かい関係性まで図示していくとどこまでも詳細になっていってしまうため、目的に応じてある程度整理しながら調整していきます。詳細に書きたいが図がわかりにくくなる、という場合は特定の部分だけを掘り下げたスキーム図を別につくるのがよいでしょう。大事なのはつくった当人だけではなく、第三者が見てもわかりやすい図になっているかどうかです。スキーム図をつくることで、ヒト、モノ、カネの各要素の流れがきちんと循環しているかどうかが把握しやすくなります。循環していないときは、やり取りの方向がきちんと表記できていないか、事業構造自体に問題があることになります。

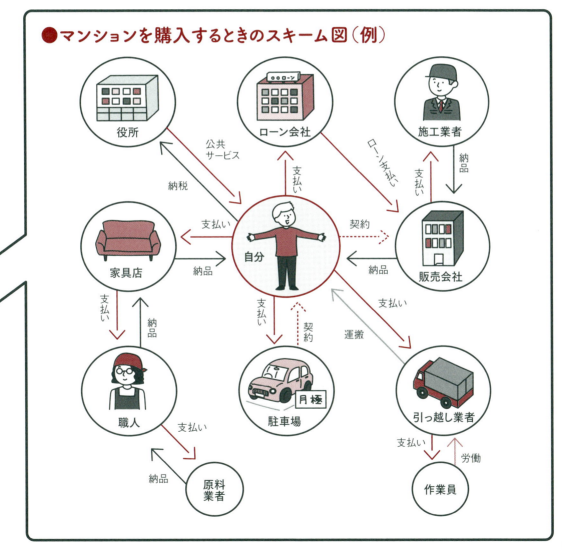

●マンションを購入するときのスキーム図（例）

KEY WORD → ☑ ガントチャート

19 プロジェクトやタスク管理に便利なガントチャート

大きなプロジェクトほど、スケジュールと人員の管理が必要になります。
わかりやすいまとめ方を知りましょう。

プロジェクトやタスクを管理する際につくる、棒グラフ状のタスク一覧表が**ガントチャート**です。タスクの一覧に加えて、作業の計画や進捗状況といったスケジュールを可視化して共有することができるツールです。特に何人ものメンバーが異なるタスクをこなしている場合など、誰がいつまでに何をするのか、という情報が明確になり、プロジェクト全体の管理と情報共有がしやすくなります。プロジェクト全体の締め切り日から逆算し、いつまでに何をすべきか、をまとめるためにも役立ちます。

項目ごとの進行予定がひと目でわかる

ガントチャートをつくるには、まず必要なタスクを洗い出します。ここに抜けがあるとあとになってスケジュールが破綻することになるので、モレがないようにします。そしてそのタスクを分類し、実行していく順番を決定します。次に、タスクの開始日と完了予定日、担当者などを決めていきます。期間や進捗率など、ほかに必要になるものがあればそれも入れておきます。最後に、タスクをどの順番で、どのタイミングで実行するのかを決定し、棒グラフとして書き込んでいきます。1～2カ月程度のプロジェクトであれば日単位のグラフで大丈夫ですが、もっと長い場合は週単位や月単位にしてもいいでしょう。図ができたら、極端にタスクが集中している担当者がいないかなどの問題をチェックします。

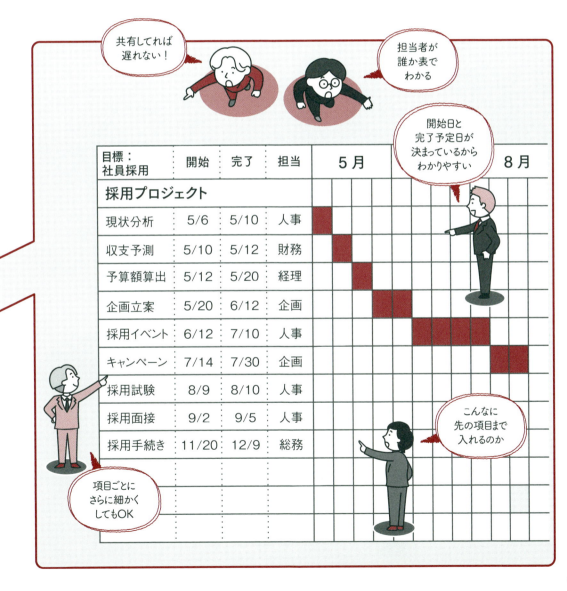

KEY WORD → ☑ 組織図

20 事業を効率よく進めるために組織図をつくる

Webサイトなどでよく見かける組織図も、
組織全体の見直しやチームづくりの際に役立てることができます。

組織図とは、事業を実施・運営していくにあたり、部門や部署の編成、各役職の関係性を図示したものです。全体としての機能と、その中で各部門、各メンバーが何を担当しているかを把握しやすくなります。ピラミッド状の組織図が一般的で、大部門の下に所属する小部門をぶら下げていく形で記載します。組織図は企業全体だけでなく、プロジェクトチームを組む際にも役立ちます。大きなプロジェクトでは、組織図を共有することで各々が全体を把握しやすくなり、指示系統や報告経路も把握しやすくなります。

会社の指示系統もすぐわかる組織図

組織図は単に組織を図示しただけのものではなく、組織のあり方を見直し、目的に応じた組織構造になっているかどうかを見直すために利用できます。トップダウン型の組織体制なのか、フラットな形の組織なのかなど、組織図が目指す組織の形になっているかどうか、なっていないのであれば、どのような組織にするかを検討します。部門を横断したプロジェクト型の組織の場合であれば、ピラミッド状の図にこだわらず、わかりやすい図の表現方法を考えましょう。
また、重複した機能の部門がないか、不足している部門がないか、といった洗い出しに利用することもできます。

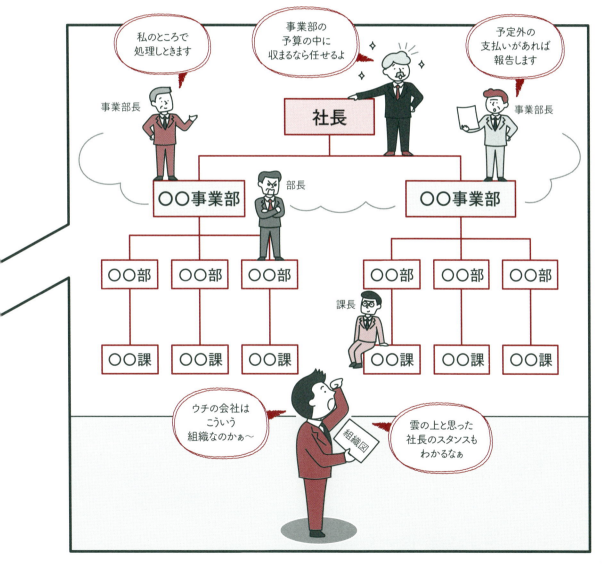

KEY WORD → ☑ ロードマップ

21 目標を達成するまでの道のりをロードマップに落とし込む

自社が何を目指し、どのような道を歩もうとしているかを共有することで、さまざまなメリットが生まれます。

ロードマップはもともと道路地図のことですが、ビジネスではそこから転じて将来の目標へ到達するための道のりを示した進行表、予定表のことを意味します。プロモーションなどに用いる、単に製品の発売時期や施策の実施時期だけを示したロードマップもあれば、必要なコストや資源をまとめた事業計画に用いるロードマップもあり、ここでは後者について解説します。ロードマップによって、事業をどのように発展させるかのイメージを共有したり、投資家など外部の関係者に向けて将来像を示すことができます。

設定したゴールに向かって予定を立てる

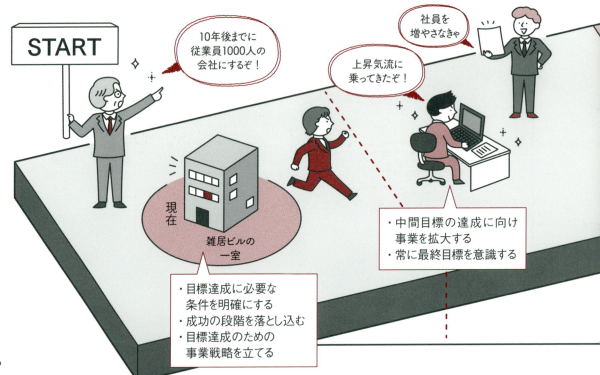

ロードマップの作成にはまず、到達すべきゴールを設定します。できるだけ具体的にするため、日付なども設定します。次に現状がどうであるかを書き出し、現状とゴールの間にいくつかの中間目標を設定します。現状から積み上げると全体のステップがわかりにくいため、ゴールから逆算して設定します。現状とゴールの真ん中にも目標を立て、さらにそれとゴールと現状の真ん中にある目標を設定するという方法もあります（P28 タイムマシン法も参照）。目標を設定したら、それを達成するための「組織体制づくり」と「市場への仕掛け」を検討し、記入していきます。こうすることで、目標の達成にあたって障壁になりそうなことを発見したり、もともとの予定と実際にかかりそうな日程との差を洗い出すことができます。

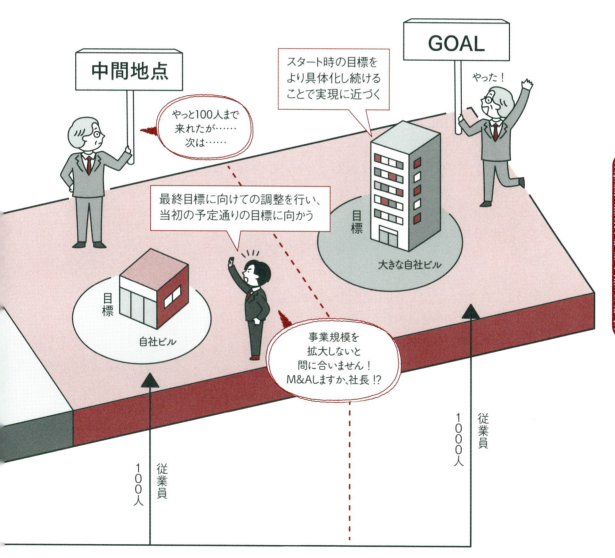

KEY WORD → ☑ KPIツリー

22 目標達成のために何をすべきか可視化できる分析ツール

目標に対して今どのあたりにいるのか、それを明確にすることで、具体的な施策や、改善案を生み出すことができます。

KPIツリーとは、目標達成に向けて進捗を定量的に測定するためのフレームワークです。KPIとは Key Performance Indicators の頭文字を取ったもので、日本語では**重要業績評価指標**となります。文字通り業績を定量的に評価するための指標です。KPIツリーにおいて重要なのがKGI、すなわち Key Goal Indicators、重要目標達成指標になります。KGIに向けての中間指標となるKPIを分解して示したものがKPIツリーになります。細かく指標設定と計測を行うことで、具体的な施策を設計し、改善したり役割を分担することができます。

売上目標達成のためのKPIツリーの例

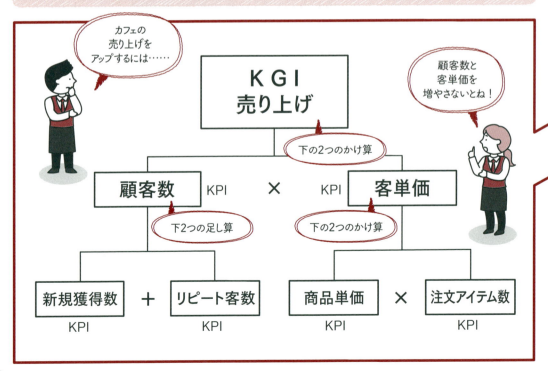

KPIツリーの作成にはまず、ゴールとなるKGIを設定します。ビジネスであれば売上額という目標が一番わかりやすいものでしょう。次に、そのKGIをKPIに分解していきます。売上額であれば、一例として顧客数と客単価に分解できます。ここで重要なのは、この2つをかけることでKGIが導かれる、ということです。かけ算でなくても加減乗除のいずれかによって、上部の要素が導かれることが重要です。同じように、KPIを複数のKPIに分解し……という手順をふんで、ツリーをつくっていきます。それ以下の項目でも同じように加減乗除で導ける要素を書き出していきます。KPIとKGI、いずれも定量的に計測できることが必要です。定性的に見える要素でも、定量的に計測できるかどうか考えてみるのもいいでしょう。

KEY WORD → ☑ **SMART**

23 目標はあいまいではなく挑戦的なものにする

目標はただ立てただけでは意味がありません。
より質の高い目標を立てるためには、何が必要かを知っておきましょう。

目標設定のために利用できるフレームワークが **SMART** です。具体的（Specific）、測定可能性（Measurable）、達成可能性（Achievable）、経営目標との関連性（Related）、期限（Time-bound）の頭文字を取ったもので、設定した目標をこれらの要素でチェックすることで、具体的で達成に向けてなすべきことが誰にでもわかり、よりよい目標を設定することが可能になります。

具体性の高い目標にするSMART

目標の内容が具体的かどうかはまず、目標を表す文章が誰が見てもわかるかどうかを検証します。測定可能性は、目標の進捗や達成度を定量的に計測できるかどうかをチェックします。達成可能性は、目標が実現可能かどうかです。高すぎる目標はメンバーが息切れします。逆に容易に達成できる目標も、能力を持て余し、やる気を削ぐことになります。少し背伸びしたぐらいの目標が最適です。経営目標との関連性は、部門の目標が企業全体の目標につながるかどうか、というように、上位の目標に紐づいているかどうかをチェックします。期限についてはそのままいつまでに達成すべきか、締め切りを設定します。重要なのは、目標を立てるだけでなく、結果を振り返り、改善を行う機会をつくることです。

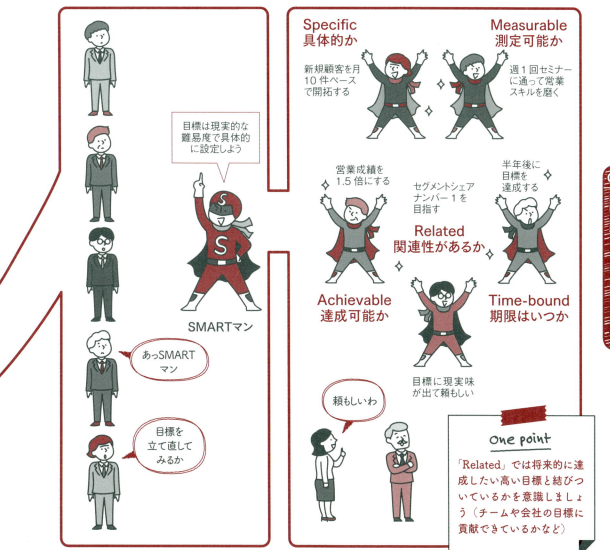

column

No. 03

フレームワークを理解するために

覚えておきたい！
第3章
ビジネス用語集

☑ KEY WORD

重要購買決定要因 　　　P90

重要購買決定要因（KBF）とは、顧客が製品を購入する際に重視する、製品の価値や価格といった要素のこと。顧客の重要購買決定要因を考慮した製品の価値創造、価格設定をすることが企業には求められる。

☑ KEY WORD

マイケル・ポーター 　　　P96

マイケル・ポーターはアメリカの経営学者でハーバード大学経営大学院教授。ポーターは「5フォース分析」（P96）や「バリューチェーン分析」（P102）を提唱したことで知られている。

☑KEY WORD

ボストン コンサルティング グループ　　　P98

ボストン コンサルティング グループとは、アメリカに本社を置く、戦略コンサルティング会社。「プロダクト・ポートフォリオ・マネジメント（PPM）」（P112）や「経験曲線」の開発も手掛ける。

☑KEY WORD

ジェイ・B・バーニー　　　P100

ジェイ・B・バーニーは、ハーバード大学経営大学院の教授で、「VRIO分析」（P100）のほか、リソース・ベースド・ビュー（RBV）を提唱したとして知られている。

☑KEY WORD

リソース・ベースド・ビュー（RBV）　　　P100

リソース・ベースド・ビューは、企業や事業の優位性を組織が持つ経営資源から分析しようという考え方。

☑KEY WORD

クレイトン・クリステンセン　　　P108

クレイトン・クリステンセンは、ハーバード・ビジネス・スクールの教授で、イノベーション研究の第一人者として知られる。技術革新によって既存の市場を混乱させ、顧客を奪い取るという「破壊的イノベーション」を提唱したことでも知られている。

☑ KEY WORD

H・I・アンゾフ　　　　　　　　　　　P114

H・I・アンゾフは、ロシア系アメリカ人の経営学者および事業経営者。事業の成長やその先の拡大のための「アンゾフの成長マトリクス」（P114）を考案し、それらの功績から「戦略的経営の父」と称される。

☑ KEY WORD

重要業績評価指標　　　　　　　　　　P128

重要業績評価指標（KPI）とは、企業が設定した目標を達成する際に重要視される、業績評価の指標のこと。指標を設定することで、企業の目標が明確になるほか、PDCAサイクルの実行も効果的に行えるようになる。

chapter
04

組織をマネジメントするフレームワーク

ビジネスの現場では、市場分析と戦略が整っても
自社の体制が万全でないと計画通りには進みません。
企業としての強みを生かすにも、
組織を整え、より効率的な集団へと導くための
フレームワークを活用しましょう。

KEY WORD → ☑ **KPT**

01 次に生かすために業務を振り返る

実施したプロジェクトの振り返りなどで有効なフレームワークで、
よかった点、悪かった点、改善すべき点などが明確になるメリットがあります。

KPT（ケプト）とは、Keep・Problem・Try の略で、日頃の仕事や活動の中で、まず成果が出ていることを「Keep（継続すること）」、次にうまくいかなかったことを「Problem（改善が必要な問題点）」として、さらに「Try（新たに取り組むべき課題）」を検討して、現状の業務状況を振り返ってみるフレームワークです。KPT のメリットは、成功体験の継続にあります。うまくいっているポイントはどこで、改善が必要なポイントはどこなのかが明確になることで、効率的に生産性を向上させることができます。

課題を浮きぼりにする KPT

KPTを実施するにあたって、まず仕事を振り返ってみるために、ホワイトボードに前回設定したTryの内容と、現在の業務内容をふまえてよかった点や成功したことなど、Keepを書き出します。次にProblemを書き出しますが、ダメ出しが目的ではないので、責任の追及などはしません。そしてKeep・ProblemをふまえてTryを考えます。Tryは漠然としたことではなく、具体的にどういう行動をするかを考えます。

KPTは一度実施して終わりでは、効果が期待できません。週ごと、月ごとなど、定期的に実施することが重要です。繰り返し実施することで回ごとにTryの内容をブラッシュアップし、業務の内容やチームのあり方を見直し生産性を高めることができるのです。

KEY WORD → ☑ PDCA

02 業務を改善するための サイクルを回す

多くの企業で取り入れられているフレームワーク。計画から改善までが一周で終わらず次につながり、途切れず実践できる方法といえます。

業務改善のための最も基本的な方法が PDCA です。**PDCA** とは「Plan（計画）」、「Do（実行）」、「Check（検証）」、「Action（改善）」の頭文字を取ったもので、この 4 つの手法を継続的に進めることで、業務の質の向上を図ることができるというものです。

PDCA で重要なのは、一度で終わりにせず、計画、実行、検証、改善のサイクルを何度も繰り返すことです。一度サイクルが終わったところで修正点を挙げ、対応策を考えることで、仕事の進め方を効果的に改善することができるようになるのです。

PDCAは、会社が立てた年間計画や予算の見直し、従業員の目標管理、営業実績の次の計画へ反映など、職務や組織の階層、あるいは時間的なスパンにかかわらず応用でき、効果的であることから「最強のフレームワーク」と呼ばれています。

PDCAで大きなウエイトを占めるのが、実行後の「Check（検証）」と「Action（改善）」です。計画通りに進まなかった場合などには、適切な対策を施し、改善されたフローにしたがって、新しいサイクルに入っていきます。

新たな計画段階で具体的な数値目標を設定し行動計画に落とし込み、その達成度を評価し、計画に修正を加えることで、よりよい結果につなげることができるのです。

KEY WORD ➡ ☑ **業務棚卸シート**

03 業務を仕分けして整理する

複数の人が関わっていたり、手順が煩雑だった場合に起きるのがヌケ漏れです。それをなくすためにも業務を分割して誰にでもわかるようにするのが大切です。

本来「棚卸」とは、決算日に残っている商品や製品の数量を数え、合計金額を算出することです。一方、「業務の棚卸」とは、業務がどのように流れているのか、どの業務にどれくらいの時間がかかったかを洗い出し、可視化することをいいます。

「棚卸」した業務を「**業務棚卸シート**」に記録していくことで、業務内容をモレやダブりなく可視化。業務の全体像を共有することで、似たような業務を統合したり、苦手な分野があればそれを得意な人に担当させたりするなど、業務の改善に役立てていきます。

飲食店の業務棚卸シート

大分類	中分類	小分類	頻度
バックオフィス業務	食材の仕入れ・仕込み	野菜や肉を切る	毎日
		ご飯を炊く	毎日
	店内の清掃	店内・キッチン回りの掃除	毎日
		テーブルの調味料などを補充	毎日
フロント業務	来客対応	ホール担当	毎日
		キッチン担当	毎日
	レジ・予約・片づけ	レジ・予約	毎日
		テーブル・床拭き	毎日

今日も1日頑張ろう

同じことの繰り返し……

業務棚卸の最もシンプルなやり方は、「業務棚卸シート」をつくることです。

まず各部門のメンバーが日々行っている業務を1日の流れに沿って付箋に書き出します。それを1週間、1カ月、1年と期間の尺度を変えていくことによって、業務の全体像を可視化していきます。

次に付箋に書き出した業務内容を、ジャンルやレベルに分類します。分類するときは、「大テーマ」が1個あり、「大テーマ」からいくつかの「中テーマ」、「中テーマ」からいくつかの「小テーマ」へと「ロジックツリー」のように枝分かれさせ、内容の階層を揃えて業務を分類していきます。業務棚卸シートを使うと簡単に業務の整理ができます。

KEY WORD → ☑ 業務フロー図

04 仕事の流れを書き出して整理する

他部署をまたぐプロジェクトなどは、進捗状況などの共有は大変な手間。
業務フロー図があれば、何がどこで行われるかが明確で確認も手早くできます。

「業務フロー」とは、業務と業務のつながりや、業務ごとの手順なども含めた「業務の流れ」のことです。「**業務フロー図**」とは、目に見えにくい業務の流れを線や図形を使って図式化し、視覚的にわかりやすくしたものといえます。

社内にあるさまざまな業務において「業務フロー図」で「誰」が「いつ、何をきっかけに」「どんな判断に基づいて」「どんな作業を行っているか」を可視化すると、関係者間で共通の認識を持ち、業務全体を体系的に管理することができるようになります。

誰が何の仕事をしているのかわかる

142

業務フロー図では、さまざまな線や図形を使って、業務フローを直観的に判断できるようにすることが大切です。図を作成するときは、「行動」を四角形で表し、順番に矢印でつないでいきます。まず、縦の列（スイムレーンと呼ぶ）を業務部門（取引先、営業部、管理部など）として、部門と大枠の業務の流れを設定します。

次に各行動を流れに沿って整理していきます。このとき、フローの始まりと終わり、各行動の内容、判断の入る場所と分岐する基準が明確になっていることが重要です。

また情報量が多く、1枚の業務フロー図でまとめきれない場合には、「全体の大枠を表すフロー図」「部分的に表したフロー図」など、何段階かに分けて作成します。

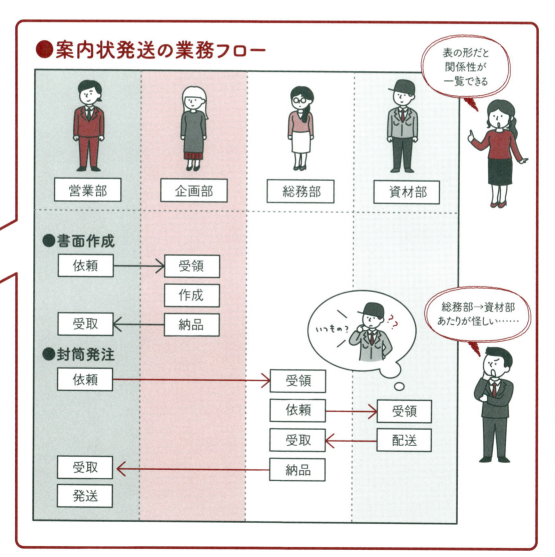

KEY WORD → ☑ PERT　遂行評価レビュー技法

05 仕事の進捗を管理する PERT図

仕事は計画的に行うことが大事ですが、実現できなくては意味がありません。
最長・最短の両方を組み込んで予定を立てるPERT図なら
予定外の事態になることもありません。

「**PERT**（Program Evaluation and Review Technique）図」は、「**遂行評価レビュー技法**」ともいい、業務の流れや所要時間を図式化し、業務計画を立てるための技法です。

複数の業務が並行して進むプロジェクトでは、1つの工程が遅れると、その遅れがあとに影響し、全体に遅れが出てしまうことがあります。決められた時間内で目標を達成するには、各業務の「最遅完了時刻（遅くとも仕事が完了していなければならない時刻）」を把握し、どこにポイントを置いて進捗を管理するかが重要になります。

最短と最長のスケジュールを把握する

PERT図は、各工程を「○」、作業を「→」で表し、①→②→③のように各工程を→で結び、図式化していきます。→の下か上には、その業務にかかる所要時間を記入しておきます。次に各業務に取りかかることのできるタイミングを計算し、各工程の側に「最早開始時刻（最も早く業務に取りかかれる時間）」と最遅完了時刻を記入します。最早開始時刻は左から順に足していき、最遅完了時刻は右から引き算をしていきます。

最早開始時刻と最遅終了時刻が同じものを結ぶ→を「**クリティカルパス**」といいます。時間的に余裕のないプロセスであり、作業が遅れると納期が遅れる重要な業務でもあります。PERT図を書くことで、どの工程が重要であるのか可視化することになります。

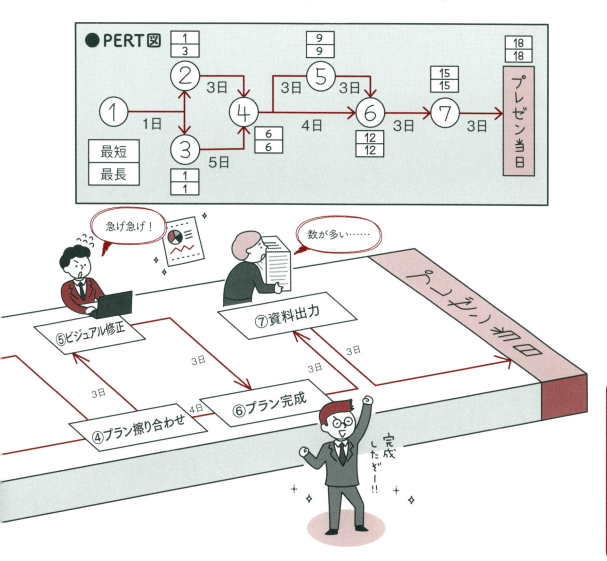

KEY WORD → ☑ RACI

06 責任や役割を明確にして共有する

多くの人が関わる事業であるほど、責任の所在を明らかにしなくてはいけません。このフレームワークを使えば、それぞれの役割などがはっきりとわかります。

「**RACI**（レイシー）」とは、業務の責任者や責任範囲を明確にしたいときに使うフレームワークです。誰がプロジェクトの実行責任者（Responsible）なのか、説明責任者（Accountable）なのか、相談先（Consulted）、報告先（Informed）はどこなのかを定義することから、その頭文字を取ってRACIと呼ばれています。役割分担を明確にして共有することで、業務管理のスムーズな事業運営を行うことが可能になります。

RACIの役割分担

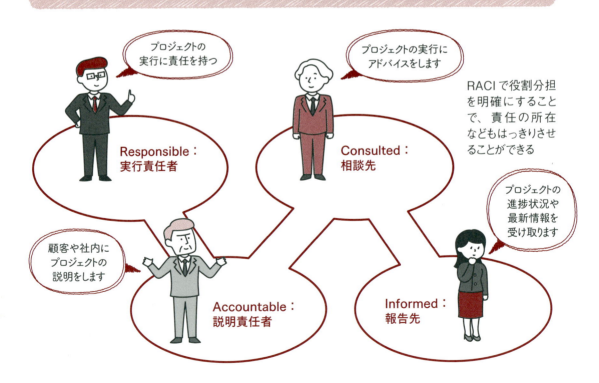

RACIで役割分担を明確にすることで、責任の所在などもはっきりさせることができる

実行責任者（R）はプロジェクトの実行に責任を持ち、説明責任者（A）は、顧客や社内からプロジェクトについて説明を求められたときに答えるのが役割です。相談先（C）は、プロジェクトの実行を支援するためのアドバイス等を行います。報告先（I）は、プロジェクトの進捗状況などの最新情報を受け取ります。

RACIの使い方は、まずRACIを設定する業務内容と各担当者を整理し、各業務に関して誰がどの役割を担うのか記入していきます。RとAを1人で担当する場合は、「R／A」と書きます。RACIを設定したら、各自の役割分担がきちんとなされているかどうかを確認し、表をプロジェクトメンバーがいつでも見られる場所に置いて、共有します。

KEY WORD → ☑ ダラリの法則　ムダ、ムラ、ムリ

07 効率の悪い業務を見つけ出すダラリの法則

仕事をしていて発生する浮き沈みやムリ・ムダをあぶりだし、
スムーズに業務が進行するようにするために非常に役立つフレームワークです。

「**ダラリの法則**」のダラリとは、「**ムダ、ムラ、ムリ**」の後ろの文字を取ったもののことで、最初の文字から「**3ム**」とも呼ばれます。この法則は、成果を出すために使う時間やお金などの「資源」の問題点を洗い出し、効率の悪い業務を改善するフレームワークです。
「ムリ」とは、必要とする成果（目的）に対して資源が不足していて、高い負荷がかかっている状態。
「ムダ」とは、成果に対して資源が過剰で、余っている状態。「ムラ」とは、業務の進め方がバラバラで、ムリやムダが複合的に混在している状態をいいます。

ダ・ラ・リが問題を生む

ムリ
必要とされるものに対して過度の負担がかかっており、いずれ限界を超えて破綻してしまう恐れもある状態

ムダ
ムリの反対で、貴重な資源をムダにしてしまうこと。例えば、時間のムダ、情報のムダ、移動のムダなどが挙げられる

ムラ
ムリとムダが交互に現れる状態で、時間や仕事の品質にムラが出てしまう状態

使い方は、まず既存の業務を書き出し、その中から効率の悪い業務を選び出します。選ぶ際には、その業務の項目と「ムダ、ムラ、ムリ」のどのタイプなのか、具体的な問題点とともに書き出し、可視化していきます。とうてい「ムリ」な計画や納期、目標、価格（値下げ）、サービスの提供があると、社内の不満や不慮の事故にもつながります。

「ムダ」な時間、在庫、工程、管理、調整等があれば、コストを圧迫します。品質や納期、管理、忙しさ、生産などに「ムラ」があれば、会社の信頼低下にもつながりかねません。

書き出した問題のある業務の中から、改善していく優先順位を決め、優先度の高いものから改善策を考えていきます。

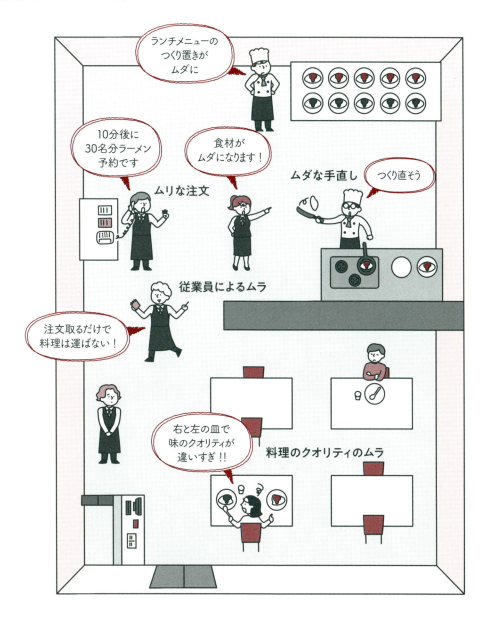

KEY WORD → ☑ 5S

08 組織が一丸となって動くための職場環境づくり

従業員が一丸となって守るべき指針を示したマネジメント方法で、作業を快適に行う環境づくりに有効です。

5Sとは「整理」「整頓」「清掃」「清潔」「躾」のことです。ローマ字の頭文字を取って「5S」と呼ばれているように、日本で誕生して**グローバルスタンダード**になった数少ないマネジメント用語の1つです。もともとは製造業の現場で品質改善活動の一環として掲げられた言葉でしたが、現在では職場の環境や自分の仕事の効率を上げるための要素として、職場環境改善のスローガンとして使われるようになっています。5Sを達成するための方法が研究され、徹底してやり遂げることが経営成果につながると考えられています。

日本生まれの品質管理マネジメント法

5Sの中で特に重要視されているのは「整理」「整頓」「清掃」の3Sです。

「整理」とは、必要なものと不要なものを分類し、不要なものだけを捨てることです。「整頓」とは、必要なものがすぐに取り出せるように、置き場所や置き方を決め、その表示をしておくことです。「清掃」とは、身の回りや職場の中をきれいに掃除して、汚れのない状態に保ち、細部まで点検することです。

これら3Sを実践すれば、職場は「清潔」な状態に維持され、決められた手順をきちんと行う習慣が、「躾」として社員のモラルの向上につながります。社内を挙げての「整理」「整頓」「清掃」の3Sの徹底が、5Sの達成につながるのです。

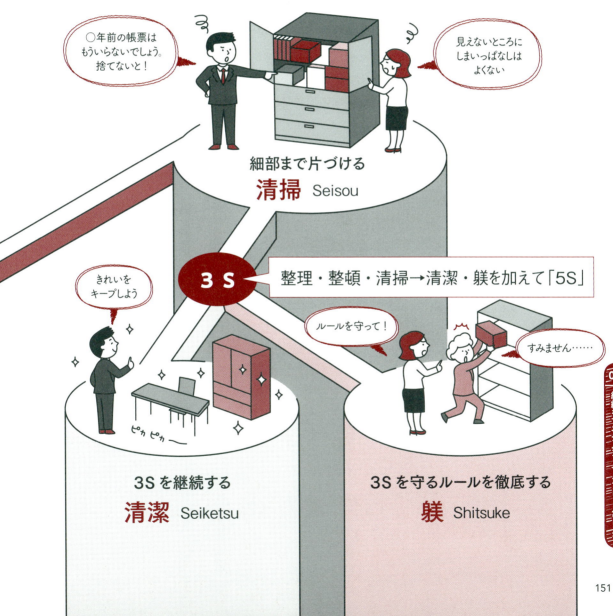

KEY WORD → ☑ ハインリヒの法則

09 ヒヤリ・ハットを分析して事故を未然に防ぐ

重大事故に至るまでに発生する兆候を見つけ出し、
その原因を取り除くことで事故を未然に防ぐ方法です。

「**ハインリヒの法則**」とは、労働災害に関する事故の発生についての経験則で、1つの重大事故（**インシデント**）の背後には29の軽微な事故があり、その背景には300の異常が存在するというものです。この法則を導き出したアメリカの安全技師**ハーバート・ウィリアム・ハインリヒ**にちなんで「ハインリヒの法則」と呼ばれています。

重大事故をなくすためには、その事故だけに注目するのではなく、その背後に隠れている軽微なトラブルを探し、減らすことが事故防止につながるというものです。

大事故の陰に小さな危険あり

152

「ハインリヒの法則」は、俗に「ヒヤリ・ハットの法則」とも呼ばれています。「ヒヤリ・ハット」とは、結果として事故などには至らなかったが、事故になってもおかしくない、大事故一歩手前のヒヤリ、ハッとした事例のことです。「ヒヤリ・ハットの法則」は、いずれ重大事故につながる可能性がある、ということを示しています。

特にトラブルや事故が起こりやすいのは、3Hと呼ばれる状況であることがわかっています。3Hとは「はじめて（の作業）」、「（手順などの）変更」、「久しぶり」のローマ字の頭文字です。事故防止には3H管理が欠かせません。顕在化していない「ヒヤリ・ハット」をいかに減らすかが、事故防止のための重要なポイントなのです。

KEY WORD → ☑ ECRS

10 業務を効率化するための4つの原則

普段行っている業務の改善策を考えるときに使うフレームワーク。
見直すことで作業がより早く効率的になる方法を見つけ出すことができます。

「ECRS（イクルス）の法則」とは、業務を効率化するための改善策を考えるフレームワークです。業務効率化には、4つの原則と順番があります。
4つの原則とは、「Eliminate（取り除く）」、「Combine（統合する）」、「Rearrange（取り換える）」、「Simplify（簡素化する）」です。その頭文字を取ったのが「ECRS（イクルス）の法則」で、この切り口から改善策を考えていきます。この中では「E（Eliminate 取り除く）」が最も改善率が高く、次いでC、R、Sという順番になります。

ECRSの法則とは？

Eliminate
A作業内のムダな部分を取り除く
「A作業のこの時間はいらない」

Rearrange
A作業とB作業の手順を入れ替える
「AとBの作業の工程を交互にやろう」

Combine
AとB作業で重複した作業をまとめる
「B作業のこの時間はA作業と一緒にやろう」

Simplify
余分な作業時間を減らす
「A作業の余分な時間を絞ろう」

154

E、C、R、Sの順番に検証していくことで、業務の効率化を図ることができます。最初にすべきことは、仕事や業務を見返して、ムダや余計なものを発見したら、やめてしまうこと（E）です。それが難しいなら、重複している仕事を一本化したりバラバラになっている情報を1つにまとめてみたりする「統合（C）」を試してみます。

さらに仕事の手順や時間、場所、担当者などの入れ替え（R）を検討してみるのも、よい結果につながることがあります。最後に誰にとってもより簡単な方法で同じような結果が出せないか、仕事の「簡素化（S）」を検討し、余分な仕事を減らします。このように「ECRSの法則」は、効果の高いものから解決のアイデアを出していく法則なのです。

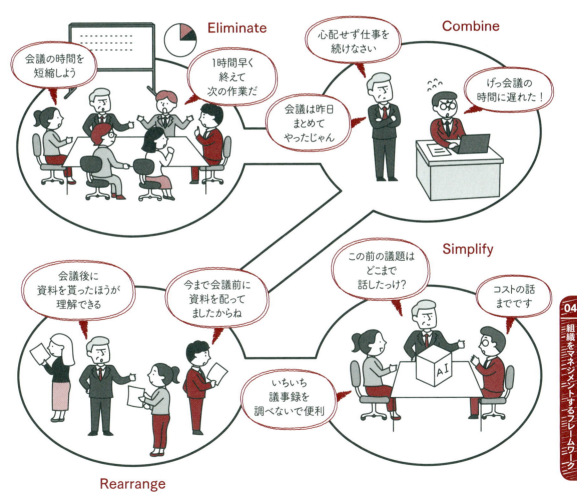

一般企業のECRSの例

KEY WORD → ☑ 業務改善提案シート

11 現場の気づきを拾い上げて生かす

現場で起きた問題の解決方法は、当事者たちが一番よく知っているものです。
その意見を吸い上げ、会社として動くことができれば組織も円滑に回るでしょう。

「**業務改善提案シート**」は、メンバーが現場で感じているリアルな問題点や不満、違和感などを1つ1つ吸い上げるためのツールです。業務の問題点は、担当者が会議をしているだけでは解決しません。解決には現場の声を聞いて課題を整理し、解決策を提案することが必要です。提案シートを受け取った会社側は内容を精査し、提案を採用した場合、内容に沿ったアクションを取ることになります。このシートを活用するには、改善提案を促進する社内の制度やフローづくり、雰囲気づくりなど、組織全体の方策が必要です。

会議だけでは問題点はわからない

業務改善提案シートを作成するには、

①現状を記入……問題があると感じる業務内容を書きます。具体的に何がどう問題なのか、解決すべき課題を、その原因に至るまで論理的にわかりやすく書くことが大切です。

②改善内容を記入……どのように改善するのかという提案を具体的に書きます。

③期待効果を記入……改善を行うことで期待される効果を書きます。

④想定されるコストを記入……提案した内容を実施するには、どれくらいの改善コストがかかるのか、目安を記入します。また、実際にはどの程度の時間がかかると見込まれているかという時間の目安も書かれていると、会社としても意思決定をしやすくなります。

業務改善提案シートでリアルな声を吸い上げる

KEY WORD → ☑ ミッション・ビジョン・バリュー

12 会社の存在意義と目的を共有する

仕事をただの作業として行うだけだと従業員のモチベーションは下がり、
作業の質も落ちてしまいます。
目標を共有して同じ未来を見据えることが大切になります。

「**ミッション・ビジョン・バリュー**」とは、ある企業や組織が社会に存在意義や役割を定義し、行動指針を明確化、それを共有するためのフレームワークです。企業の業務に関わるすべてのメンバーが、何のために企業に所属し、仕事をしているのかを明確化し、求心力を高めるのに役立ちます。そのため、多くの企業では「企業理念」や「経営原則」、「社訓（クレド）」、「行動指針」などとして掲げられています。また社外に対して、その組織の理念が何なのか、何を目的として存在しているのかをわかりやすく示すものでもあります。

何のために存在し、どう動くか考える

「ミッション」とは、「使命」や「目的」という意味で、組織の存在意義を表すものです。組織のリーダーは、その組織で働くメンバー全員が、世の中のさまざまな課題の解決に向けてどのように貢献するのか、明確に設定する必要があります。「ビジョン」とは、「ミッションが実現した近い将来像」であり、中長期的に目指す目標を表したものです。

「バリュー」とは、「価値」、「価値基準」のことです。ミッションやビジョンを実現するために重要となる価値観や行動指針を示し、「組織のあるべき姿」を定義します。

ミッション・ビジョン・バリューは、「この会社は何のためにあるのか？」という問いに対する答えであり、企業に所属しているメンバーに浸透させることが重要です。

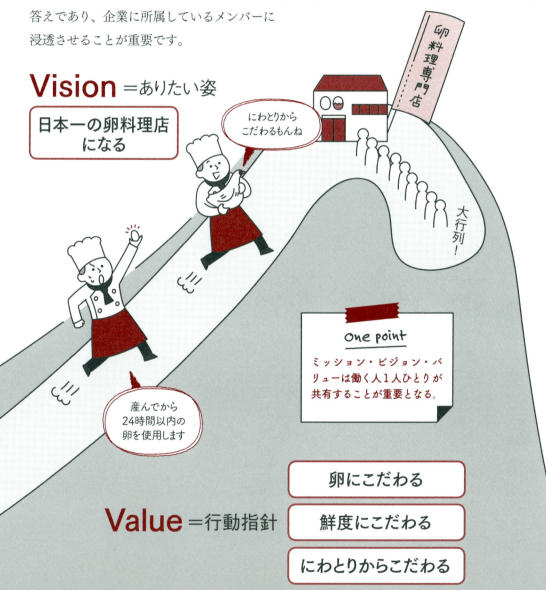

KEY WORD → ☑ Will・Can・Must

13 希望・実現性・必要性で やりがいのある仕事を見つける

さまざまな業務を行っていると何が大切で優先すべきことなのかを見失うことがあります。そうならないためにも、定期的に業務の整理を行うとよいでしょう。

「**Will・Can・Must**」とは、「やりたいこと（Will）」、「できること（Can）」、「するべきこと（Must）」の3つの視点から業務を整理し、最もやりがいを持って取り組むことができる業務を見つけ出すためのフレームワークです。企業理念に加えて、現場のメンバーがどのような業務をやりたいのか、何に対して高いモチベーションを持っているのかを共有し、擦り合わせすることで、組織の生産性を高めていきます。また「Will・Can・Must」は、就職活動や転職活動、人事制度などにも広く取り入れられています。

3つの視点を持つ

①業務や社会の中で、今、自分が担いたい「やりたいこと（Will）」を書き出していきます。既存の業務だけでなく、まだやったことがない業務を含めて、すべて書き出します。

②「できること（Can）」を書き出します。これまでのキャリアの中で、得意なこと、専門スキル、経験など、今、自分ができること、近い将来できそうなことを書き出します。

③自分が「するべきこと（Must）」を考えます。世の中や業務上、自分に求められている役割は何か、経営目標のために最低限担わなくてはならない役割は何かを考えます。

①〜③を書き出したら、それらが重複しているポイントを見つけます。そして重なるポイントをもっと増やしていくためにはどうしていけばいいか、今後の工夫を考えていきます。

Will、Can、Mustが重なる部分に注目

人前に出たい × 動画編集ができる × 1人でやらなければならない ＝ YouTuberになる

KEY WORD → ☑ Need・Want マトリクス

14 組織のニーズと従業員の欲求の視点で仕事を分析する

業務効率の分析では従業員個人の希望と組織の要求が一致しないことがあります。このフレームワークでその差を埋めるための方法を探ることができます。

「**Need・Want マトリクス**」とは、「Need（組織にとっての必要性）」と、「Want（欲求）」の2軸でマトリクスを構成し、業務の振り返りを行うフレームワークです。「必要性」とは、組織が掲げている「ミッション・ビジョン・バリュー」（P158）と、その下に紐づいている戦略や戦術に対して、どれくらい貢献度や重要性があるのかを評価する軸です。「欲求」とは、業務を行うメンバーが、その業務をどれくらいやりたいのかという重要度を評価する軸です。個人の長期的な目標がどれだけ業務と関連して意味づけできているかがポイントです。

もっと高いパフォーマンスはどこにある？

低い必要性×高い欲求
卵を空中でひっくり返したい
味に影響ないし必要なくない？

低い必要性×低い欲求
メールでよくないっすか？
卵の電話発注はしたくない！

欲求 高←→低
低

Need・Wantマトリクスは、これらの2つの評価軸で業務を振り返り、組織と個人のベクトルを合わせていくために使われます。

- 必要性（高）×欲求（高）……組織のビジョンや目標に直結し、個人のキャリア形成にもプラスとなる領域。この領域の業務に集中できるほど、組織は強くなります。
- 必要性（低）×欲求（高）……趣味的な業務が分類される領域。高いモチベーションで臨めるが企業としての持続性が低く、全体への貢献度向上の工夫が必要とされます。
- 必要性（高）×欲求（低）……義務的な業務。この割合が増えすぎると注意が必要です。
- 必要性（低）×欲求（低い）……組織・個人双方にとって、得るものが少ない領域です。

One point

マトリクスに業務を振り分けることによって、それぞれの業務が心理的にどのような立ち位置にあるかがわかる。さらに、メンバーの意思が尊重されるような組織体制がつくれる。

KEY WORD → ☑ ジョハリの窓

15 自分も知らない自分を気づかせてくれるジョハリの窓

誰もが意外な一面を持つものですが、それは自分自身も同じ。
他者とのコミュニケーションを通じて新たな一面に気づくことで、
周囲との関係もよくなることでしょう。

「**ジョハリの窓**」とは「自分が知っていること／知らないこと」「他人が知っていること／知らないこと」の2つの軸で構成したマトリクスを使って、自分や他者への理解を深めていくフレームワークです。「自分が知っている自分の特徴」、「他者が知っている自分の特徴」の一致・不一致を「開かれた窓」「隠された窓」「気づかない窓」「未知の窓」という4つの「窓のような枠」に分類し、可視化していきます。この作業には他者への**自己開示**と他者からのフィードバックが必要で、この過程がお互いの相互理解につながっていきます。

ジョハリの窓で自分を知る

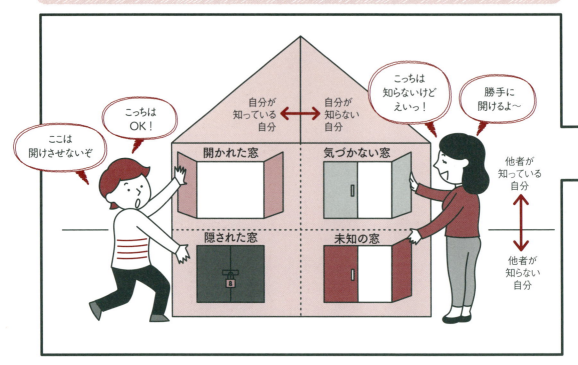

数人でペアを組み、フィードバックシートを用意します。まず自分自身について「得意」「不得手」「強み」「弱み」などの項目が書かれた欄に書き込んでいきます。次に別のシートを用意し、相手について自分の認識を書いていきます。自分について書いたシートと相手について書いたシートを共有し、自分も書いて他者も書いた要素を「開かれた窓」に、自分は書かなかったのに他者が書いた要素は「気づかない窓」に記入します。同じように「隠された窓」「未知の窓」も記入していくと、自分と他者の自分自身に対する見方のギャップが明確に現れてきます。自己開示と相手からのフィードバックにより「開かれた窓」の領域を広げることで、他者との相互理解を深め、自らの能力も発揮しやすくなります。

KEY WORD → ☑ 欲求階層説

16 モチベーションの根源を知り従業員のやる気を引き出す

仕事のやる気というのは、自分の内側から湧き上がるもの。
それを周りが促すためには、どうすればいいのかを知るためにも
モチベーションの源泉を知ることは大切です。

「**欲求階層説**」（欲求5段階説）」とは、人間の欲求は5段階に分けられ、その重要性によって階層構造を成しているという、アメリカの心理学者**マズロー**によって唱えられた説です。人間には5段階の欲求があり、1つ下の次元の欲求が満たされるとさらに高次元の欲求を満たそうとして行動するというもので、比較的古典的なモチベーション理論といえます。「人間は自己実現に向かって絶えず成長する」という仮説をもとにつくられた理論で、部下の動機づけが何によってなされているかを理解するなど、経営学にも応用されています。

マズローの欲求5段階説

5つの階層の分類は、次のようになっています。

①生理的欲求……食欲や睡眠欲など、生命を維持するための人間の最も原始的な欲求。

②安全欲求……経済的な安定、健康維持、治安のよさなど、安全な生活を求める欲求。

③所属と愛の欲求……よい組織に所属して孤独感を忌避し、心の安定を得たいという欲求。

④承認欲求……他者から尊敬されたい、認められたい、自分を肯定的に見たいという欲求。

⑤自己実現欲求……自己の持つ能力や可能性を最大限に発揮し、存在意義を実現する欲求。

①〜②は物質的欲求、③〜⑤は精神的欲求と大きく分けられ、先進国の企業では、一般的に精神的欲求が従業員のモチベーションを高めるのに役立つと考えられています。

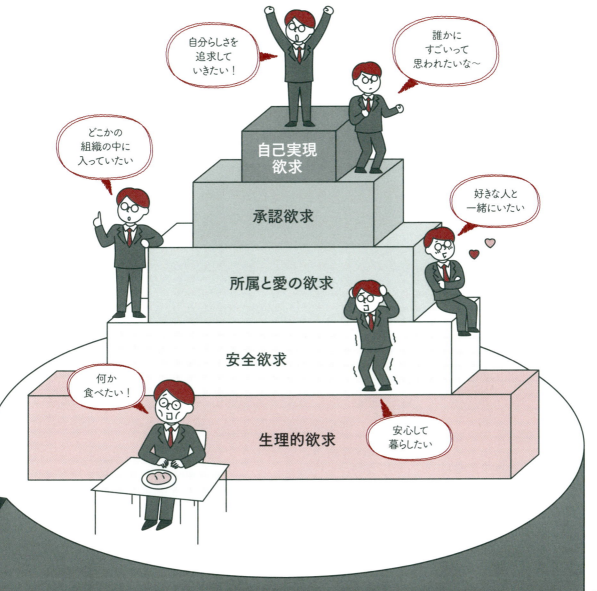

KEY WORD → ☑ ウォント／コミットメント

17 メンバー同士の協力を促す組織づくりのフレームワーク

組織で働くときに大事なのはコミュニケーションですが、
協力し合うように促すには、何を考えているのかを知ることが必要です。
互いのことを知るためにこのフレームワークは非常に有効です。

「**ウォント／コミットメント**」とは、組織に対して自分が期待していること（**ウォント**）と、自分が貢献できること（**コミットメント**）をメンバー間で共有し、お互いの協力を促すフレームワークです。一緒に業務を行っているメンバーはもちろん、普段接触のない他部門のメンバー同士であっても、お互いのウォントとコミットメントを共有することで、問題解決の方法を発見する可能性があります。これを活用するときに大切なのは、ウォントだけに偏らず、「自分はいかに他者に貢献できるか」という視点を持つことです。

自分がしてほしいこと・できることを書き出す

「ウォント／コミットメント」を行うには、まず個人でシートを用意し、組織に対するウォント（期待していること、手に入れたいと思っているもの、助けてほしいこと等）をウォント欄に書いていきます。次に自分が組織に対して貢献できること（自分の資源、スキル等）をコミットメント欄に書きます。

この段階で、ウォントだけでなくコミットメントも揃っているか、メンバー、チームとして自分たちの資源を確認できているか、ウォントとコミットメントがマッチングしているものがあれば、実行する準備ができているかをチェックすることが重要です。そして各人のウォントとコミットメントを全員で共有し、コミットメントを見ながら、ウォントをいかに満たしていくかを考えていきます。

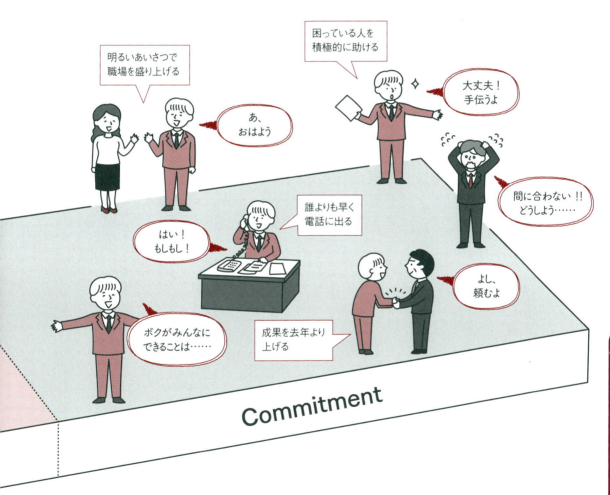

KEY WORD → ☑ PM理論

18 リーダーに求められる資質を学ぶ

組織を運営するのに欠かせないのがリーダーです。
メンバーをまとめ上げ、快適な環境をつくり、モチベーションを高く保つためには、
ある資質が必要になります。

リーダーシップは、「P機能（Performance function、目標達成機能）」と「M機能（Maintenance function、集団維持機能）」の2つの機能によって構成されている、とするのが**三隅二不二**が提唱した**PM理論**です。目標達成機能は、目標達成のために計画を立て、メンバーへの指示や叱咤激励によって成功へと導くもの。集団維持機能は、人間関係に配慮しながら、組織力を維持し、強化していくものです。どちらもリーダーには欠かせない能力で、P機能、M機能それぞれの強弱によって、リーダーシップを4つのタイプに分類します。

リーダーの能力は2つの軸で測る

PM型（P・Mともに強い）……目標達成機能が高く、同時に集団を維持・強化する力も持っている、理想的なリーダーシップのタイプ。双方を兼ね備えているリーダーはまれ。
Pm型（Pが強く、Mが弱い）……目標を達成できるが、集団を維持・強化する力が弱い。
pM型（Pが弱く、Mが強い）……集団を維持・強化できるが、目標達成する力が弱い。
pm型（P、Mともに弱い）……目標を達成する力も集団を維持・強化する力も弱い。
理想なのはPM型リーダーが多いことですが、そんな企業は多くありません。Pm型リーダーが多い企業はギスギスしがちで、pM型リーダーは甘さが生まれがちです。どちらも弱いpm型は、リーダーには不向きで、組織に悪影響を及ぼしかねません。

KEY WORD → ☑ ステークホルダー

19 組織のキーマンを見つけ出し問題を解決する

会社というのは損得勘定だけでなく、人間関係でも成り立っているもの。
問題が起きたときはキーとなる人物を見つけ出すことで、
一気に解決できることがあります。

ステークホルダーとは、組織や人の活動によって、直接的または間接的に影響を受ける利害関係者のこと。「ステークホルダー分析」とは、経営者、役職者、株主、顧客、従業員、パートナー企業、競合他社、地域コミュニティ、行政など、会社や自分を取り巻くステークホルダーの中から活動を進めていくうえで重要な人物をリストアップし、どのように働きかけていくべきかを検討するフレームワークです。具体的には、ステークホルダーとの関係がどのようになっているかを図式化し、交渉や根回しに臨む際の参考にします。

ステークホルダーマッピング

172

ステークホルダー分析を行うには、まずステークホルダーを書き出します。交渉の場面では、例えば書き出したステークホルダーを「影響度」と「関心度」によってマトリクス上に配置していきます。影響度とは、決裁権を持っているか、組織を動かすなどの影響力を持っているか、その強さを表すものです。関心度とは、どのくらい関心を持っていてくれたり理解してくれたりしているか、を表すものです。次にステークホルダーに自分たちの活動に加わってもらうために、どのように働きかけていけばいいのかを検討します。実際に交渉するときには、さらに詳しい関心やニーズなどを含めたリストを用意して情報を整理していきます。ステークホルダー分析は、社内を動かす際にも役立つので、チームリーダーや運営担当者にとって知っておきたい手法です。

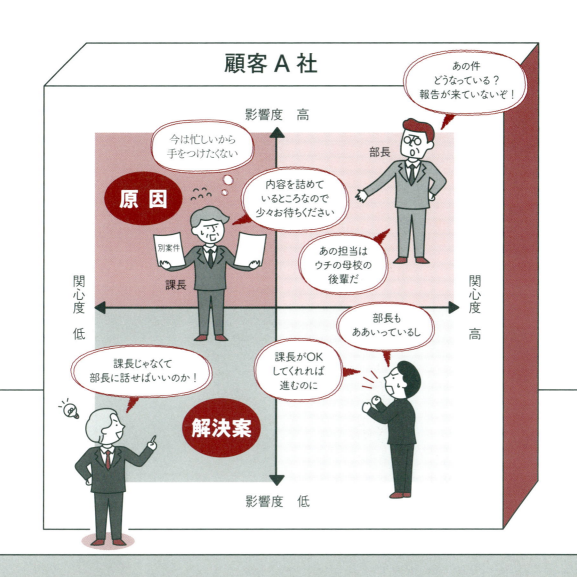

KEY WORD → ☑ GROWモデル

20 メンバーの目標達成をサポートしてやる気を引き出す

目標が達成できたときはうれしく思い、さらに頑張ろうと思うのが人間心理です。リーダーや上司は、メンバーの手助けをしてその気持ちを引き出すとよいでしょう。

「**GROWモデル**」とは、**コーチング**で活用される、目標達成を支援するためのフレームワークです。GROWとは、Goal（目標の設定）、Reality（現状の把握）、Resource（資源の発見）、Options（選択肢の創出）、Will（意思の確認）の頭文字から来ているもので、メンバーの話を聞きながら、「この仕事の目標は何か？」など適切な問いかけによって自発的に考えさせ、目標達成のための意思や思考を導き出します。目標とそれに向かって今何をすべきかを明確にすることで、メンバーのモチベーションを高める効果があります。

目標達成支援のためのフレームワーク

「GROWモデル」によるコーチングは、次のような手順で行います。

①業務上の目標などの「ゴール」を設定します。自分のこととして捉えやすい状態目標や数値目標を書き出し、どのような姿を目指したいのかを明確にします。

②現在の自分の資源（人脈、スキル、知識、資金等）を書き出して、把握していきます。

③目標に対するギャップを書き出します。ゴールに向かって何をするべきなのか、足りないものは何なのか、予想される問題点などを書いて整理していきます。

④ゴールに到達するための選択肢を、実現の可能性や費用対効果などを考えずにすべて書き出します。選択肢について、実行するかどうかを確認しながら順番や期日を設定します。

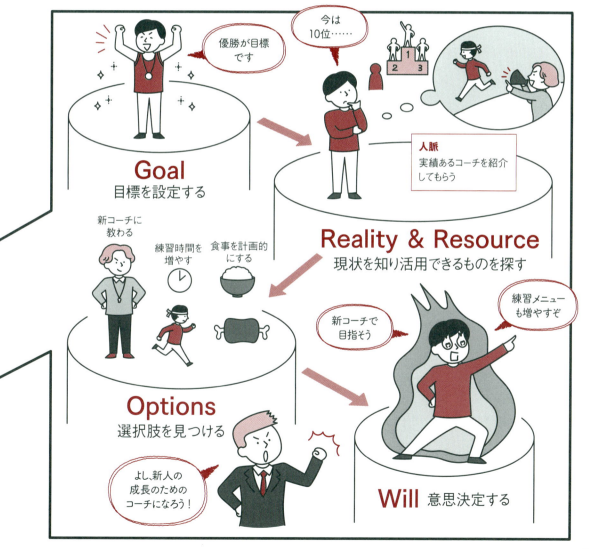

KEY WORD → ☑ 商品企画書

21 マーケティング戦略を含めて商品企画書をつくる

いいアイデアを思いついても実現できなければ宝の持ち腐れです。
開発から販売まで一括で行う気持ちで企画書を作成すると、
実現までの道筋が見えてきます。

新商品やサービスの基本情報を書面化し、共有することで実現可能かどうかを検討するのが「**商品企画書**」の役割です。商品企画書では、ターゲティング、ポジショニングなどのマーケティング戦略を考えに入れながら、商品の設計をしていきます。商品を企画する際に重要なことは、よい商品をつくるということだけでなく、顧客のニーズを把握し、顧客目線で商品を企画・開発すること。そしてそれをいかに広く知らせていくかということです。近年では、商品発売後、いかに拡販していくかを設計した商品企画が行われています。

商品企画書をつくるには

商品企画書を作成するときは、まず企画書の骨格となる基本的な概要をまとめます。企画書の最初に「商品名」を置き、左半分で「ターゲット」「コンセプト」「訴求ポイント」「戦略上の目的／目標」などを掲載、それらを実現するためのアイデアを右半分に記入します。右上の「商品スケッチ」には、イメージイラストや写真、アイデアスケッチ、サンプル情報などを載せておきます。右下には「価格」「流通」、一番下には「販売促進」の基本方針を記載します。

商品企画書をメンバーと共有し、本格的な商品企画書としてまとめる際には、各項目を掘り下げて資料化、既存商品と比較して課題を克服する商品設計になっているか、マーケティング戦略と連動した設計になっているかなどをチェックしつつ、具体化していきます。

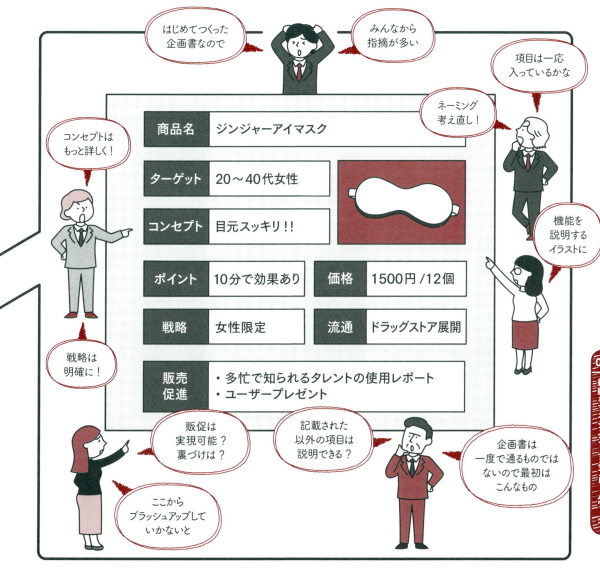

KEY WORD → ☑ イベント企画書

22 目的を明確にして イベントを企画する

イベントを通じてアピールしたい場合には、
誰に対して何をアピールするかが大切です。
企画書に落とし込むことで具体化することができ、やるべきことがわかるようになります。

展示会、説明会、キャンペーン、セミナー、コンサートなど、マーケティング活動の一環として催されるイベントの「意図・目的」を設定する企画書が「**イベント企画書**」です。イベントは、通常のプロセスとは違った顧客とのコミュニケーションを生み出します。大規模なキャンペーンだけではなく、社内の勉強会など小規模なものもイベントです。イベント企画書を作成する際には、イベントの目的は何か、認知獲得なのか、データ取得なのか、商品の販売なのか、ターゲットは誰なのかなどをすべてはっきりさせる必要があります。

イベント企画に必要なこと

イベント企画書を作成するには、「ターゲット」「コンセプト」「目的」「売上目標」「イベント概要」等を考え、書き出します。イベント概要には、イベントタイトル、開催日時、来場予定者数、入場料、タイムテーブル案、出演者、会場レイアウト、イメージ写真などを書き入れます。次にイベント企画書の内容を、イベント企画に関わるメンバーと共有します。本格的なイベント企画書としてまとめる際には、各項目を深く掘り下げ、イベントのゴールが明確に設定されているか、戦略に基づいて設計されているか、ターゲット像とその体験の流れが想定できているかなどをチェック、情報を具体化していきます。イベントの具体案が設計できれば、運営者にとってもよりイベントをイメージしやすくなります。

● **企画を考える際に必要なこと（例：公開セミナー）**

KEY WORD → ☑ PREP

23 話を正確に伝えるための会話の組み立て方

会議やプレゼンで意見を通したいときには、相手に伝わる話し方が重要です。端的にロジカルに伝える方法は普段の業務でも大きく役に立ちます。

「**PREP**」とは、プレゼンや文章作成などで活用される、論理的に説得力を持つ構成を考えるためのフレームワークです。PREP は「Point（結論）」、「Reason（理由）」、「Example（具体例）」、「Point（結論）」の頭文字を取った用語で、プレゼンや文章をこの 4 つのステップで構成します。時間が限られたプレゼンでは、要点を整理して伝える必要があります。そのため PREP では、まず結論を伝えて何をいいたいのか明確にし、次に理由と具体例を挙げて聞き手に納得感を与え、最後に改めて結論を伝えて説得力を持たせています。

結論を先に述べる説明法 PREP

①結論を伝える……伝えたい内容を整理し、相手に対するメリットを簡潔に伝えます。特に忙しい相手に対してプレゼンをする場合、最初に興味を持ってもらうことが重要です。

②理由を伝える……①の結論に達する理由や根拠を考えます。①で結論を述べ、「なぜなら〜」とその根拠を具体的に伝えることで、相手の理解を得やすくなります。

③具体例を伝える……「例えば〜」と具体的な例やデータを示すことによって、結論を出した根拠を補足します。事例を挙げることで説得力が増し、共感を得やすくなります。

④結論を伝える……まとめとして再び結論を伝えることで、プレゼンの論理性が高まり、話が伝わりやすくなります。また結論が先だと、時間の浪費が避けられます。

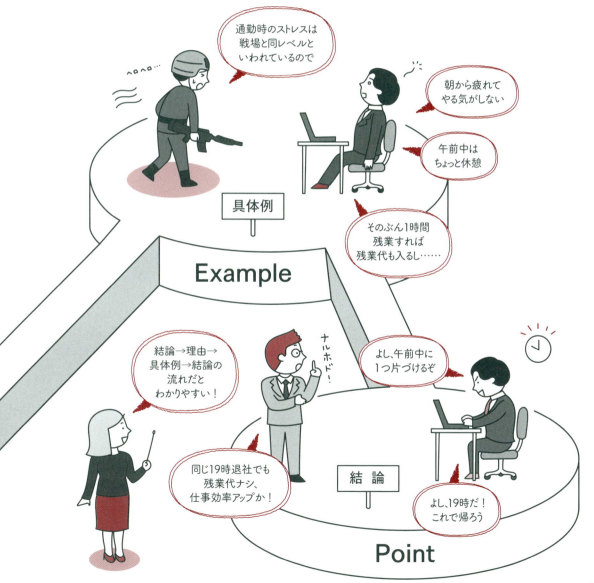

KEY WORD → ☑ TAPS

24 理想と現実のギャップからプレゼンの構成を考える

相手の現状とあるべき理想の姿を明確にし、
目標に至るための手順を提示するのがプレゼンでは大切なこと。
具体的なやり方を身に付ければ成功率も上がるでしょう。

「**TAPS**」とは、「To be（あるべき姿）」、「As is（現状）」、「Problem（問題）」、「Solution（解決策）」の頭文字を取った用語で、理想の姿と現状のギャップを起点として、プレゼンの構成を考えるフレームワークです。話す内容を「As is ／ To be（現状／あるべき姿）」を軸として設計する手法で、プレゼンの相手に理想と現実の問題点を認識させ、その問題を解決する方法を論じていきます。相手が抱えている問題を起点に話を始めることで相手が自分に関することとして考えやすく、説得力のあるプレゼンをすることができます。

To beをかなえる提案をするプレゼン

「TAPS」では「As is ／ To be」を軸として４つの流れに沿ってプレゼンを構成します。

①プレゼンの相手を明確にし、その人物が理想とする状態や成果などを調べ、書き出します。実際に相手がどんなギャップを感じているか、問題点を発見することが重要です。

②理想に対して、相手がどのような状態にあるのかを書き出します。

③理想と現実の間にあるギャップ（問題点）を整理し、問題の内容、具体例、その原因などをまとめます。なぜ理想に到達していないのか、相手に理解してもらう必要があります。

④問題点に対して、どのような解決策があるのかを整理します。解決策が現実的で、検討できる内容であることが大切です。最後に相手に解決策を簡潔に伝えます。

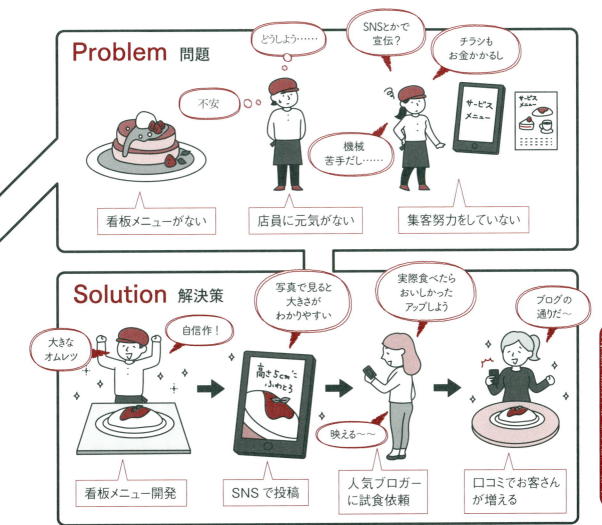

No. 04

column

フレームワークを理解するために
覚えておきたい！
ビジネス用語集

第4章

✅ KEY WORD

クリティカルパス　　　　　　　　　　　　P145

クリティカルパスとは、進行しているプロジェクト内における、各工程を線で結んだ際に最も長い経路のこと。ほかの工程を短縮してもクリティカルパスを短縮しなければプロジェクトが完了しない、という特徴を持つ。

✅ KEY WORD

3ム　　　　　　　　　　　　　　　　　　P148

3ムとは、ムダ（無駄）・ムラ（斑）・ムリ（無理）の3つの総称のことで、目標達成や経営の効率化のために、この3つを省くことが必要とされる。うしろの文字を取って「ダラリの法則」とも呼ばれる。

☑ KEY WORD

グローバルスタンダード　　　P150

グローバルスタンダードとは、経営の際に考慮する国際的なルールや理念のこと。ただ世界基準はあいまいな表現であり、日本においては多くの場合、アメリカを対象として考えられている。

☑ KEY WORD

インシデント　　　P152

インシデントとは、企業の業務内における「不慮の事故」や「問題」のこと。これらは「ハインリヒの法則」（P152）や「ヒヤリ・ハットの法則」（P153）によって未然に防ぐことができる。

☑ KEY WORD

ハーバート・ウィリアム・ハインリヒ　　　P152

ハーバート・ウィリアム・ハインリヒは、過去の労働災害の事例を分析した際に、「1つの重大事故の背後には、29の軽微な事故があり、その背景には300の異常が存在する」という「ハインリヒの法則」（P152）を発表した。

☑ KEY WORD

自己開示　　　P164

自己開示とは、一個人が自らが持つ情報や感情を、誰の補助も受けることなく、ありのままに伝えること。主に心理学で使用される用語で、ビジネスにおいては、従業員間の人間関係に影響を及ぼす、1つの要素。

☑ KEY WORD

マズロー　　　　　　　　　　　　　　　　P166

マズローはアメリカの心理学者で、「欲求階層説」（P166）を提唱したことで知られている。企業のビジネスモデルを、従業員の欲求に見合ったものにすることで業務の効率化や成功確率を上げることができる。

☑ KEY WORD

三隅二不二　　　　　　　　　　　　　　　P170

三隅二不二は日本の心理学者で、クルト・レヴィンが提唱した集団力学を日本に広め、発展させた。またリーダーシップ行動論の１つ「PM理論」（P170）を提唱したことでも知られている。

☑ KEY WORD

コーチング　　　　　　　　　　　　　　　P174

コーチングとは、ビジネスにおける重要なマネジメントの１つで、従業員に対して特定の人物（コーチ）が1対1で向かい合い、コミュニケーションを取ることで、本人の能力や気力を向上させる、というもの。

掲載用語索引

欧文

3C	94
3M	106
3つの基本戦略	104
3ム	148,184
4P分析	76
5S	150
5-WHY	23,47
5フォース分析	96
6R	53,83
6W2H	10
AIDA（AIDMA）	78
As is / To be	20
ECRS	154
GROWモデル	174
H・I・アンゾフ	114,134
KBF分析	90
KPIツリー	128
KPT	136
Need・Wantマトリクス	162
NPS（ネット・プロモーター・スコア）	61,84
PDCA	138
PERT	144
PEST分析	50
PM理論	170
PREP	180
RACI	146
RFM分析	70
SMART	130
STP	72
SWOT分析	58
TAPS	182
VRIO分析	100
W・チャン・キム	54,83
Will・Can・Must	160

あ

アイデアシート	38
アドバンテージ・マトリクス	98
アンゾフの成長マトリクス	114
意思決定マトリクス	18
イノベーター理論	68
イベント企画書	178
インシデント	152,185
ウォント／コミットメント	168
オズボーン	36
オズボーンのチェックリスト	36,48
重み（ウエイト）	19,47

か

外的／内的要因	59,84
ガントチャート	122
キャズム	69
ギャップ分析	20
業務改善提案シート	156
業務棚卸シート	140
業務フロー図	142
緊急度／重要度マトリクス	16
クリティカルパス	145,184
クレイトン・クリステンセン	108,133
グローバルスタンダード	150,185
クロスSWOT	116
コア・コンピタンス分析	80
貢献度	14
コーチング	174,186
顧客ロイヤルティ分析	61

さ

ジェイ・B・バーニー	100,133
自己開示	164,185
シナリオグラフ	34
重要業績評価指標	128,134
重要購買決定要因	90,132
商品企画書	176
ジョハリの窓	164

人口動態	53,82
遂行評価レビュー技法	144
スキーム図	120
ステークホルダー	172
ストーリーボード	40
セグメント化	52
戦略キャンバス	54
相関分析	88
組織図	124

た

ターゲティング	52
タイムマシン法	28
タスク	17,47
ダラリの法則	148
特性要因図	22

な

なぜなぜ分析	12
認知率分析	56

は

ハーバート・ウィリアム・ハインリヒ	152,185
ハインリヒの法則	152
バリューチェーン分析	102
パレート分析	64

彼我分析	92
ビジネスモデル	108
ビジネスモデル・キャンバス	118
ピラミッド原則	86
フィッシュボーンチャート	23
フォアキャスティング	29,48
ブランド・エクイティ	62
ブレインライティング	30
プロコン表	42
プロセス	11,46
プロダクト・ポートフォリオ・マネジメント（PPM）	112
プロダクト・ライフ・サイクル（PLC）	66
プロット	16,46
ペイオフマトリクス	44
変数	35,48
ポジショニングマップ	74
ボストン コンサルティング グループ	98,133
ボトルネック分析	26

ま

マーケティング・ミックス	76,84
マイケル・ポーター	96,104,132
マクロ環境	50,82
マズロー	166,186
マトリクス	16,47
マンダラート	32

三隅二不二	170,186
ミッション・ビジョン・バリュー	158
ムダ、ムラ、ムリ	148

や

優先度	14
欲求階層説	166

ら

ランチェスターの法則	110
リソース・ベースド・ビュー（RBV）	100,133
レッドオーシャン	54,83
レネ・モボルニュ	54,83
ロードマップ	126
ロジックツリー	24

◉ 主要参考文献

MBA100 の基本
グロービス　著（東洋経済新報社）

グロービス MBA キーワード　図解　基本フレームワーク50
グロービス　著（ダイヤモンド社）

グロービス MBA キーワード　図解　基本ビジネス分析ツール50
グロービス　著（ダイヤモンド社）

ビジネスフレームワーク100　使えるキーワード図鑑
鈴木貴博　監修（宝島社新書）

ゼロからはじめる！統計学見るだけノート
永野裕之　監修（宝島社）

ゼロからわかる！経営戦略見るだけノート
平野敦士カール　監修（宝島社）

知識ゼロでも今すぐ使える！行動経済学見るだけノート
真壁昭夫　著（宝島社）

大学4年間の経営学見るだけノート
平野敦士カール　監修（宝島社）

大学4年間のマーケティング見るだけノート
平野敦士カール　監修（宝島社）

考える力がゼロから身につく！問題解決見るだけノート
堀公俊　監修（宝島社）

ビジネスフレームワーク図鑑　すぐ使える問題解決・アイデア発想ツール70
株式会社アンド　著（翔泳社）

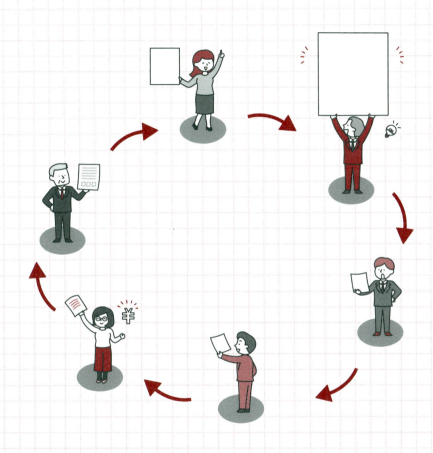

STAFF

編集	木村伸司、土屋萌美、細谷健次郎、千田伸之介（株式会社 G.B.）、吉田涼
編集協力	坂下ひろき、高山由香、村沢譲
本文イラスト	フクイサチヨ
カバー・本文デザイン	別府 拓（Q.design）
DTP	POOL GRAPHICS

監修
嶋田 毅（しまだ つよし）

グロービス出版局長、グロービス電子出版編集長兼発行人、「GLOBIS知見録」編集顧問、グロービス経営大学院教授。
東京大学理学部卒業、同大学院理学系研究科修士課程修了。戦略系コンサルティングファーム、外資系メーカーを経てグロービスに入社。著書に『グロービスMBAキーワード　図解 基本ビジネス思考法45』『グロービスMBAキーワード　図解 基本ビジネス分析ツール50』『グロービスMBAキーワード　図解 ビジネスの基礎知識50』『グロービスMBAキーワード　図解 基本フレームワーク50』『グロービスMBAビジネス・ライティング』『ビジネス仮説力の磨き方』（以上、ダイヤモンド社）、『ダークサイドオブMBAコンセプト』『MBA問題解決100の基本』『MBA 生産性をあげる100の基本』『MBA 100の基本』『利益思考』（以上、東洋経済新報社）、『テクノベートMBA 基本キーワード70』『正しい意思決定のための「分析」の基礎技術』『ビジネスで騙されないための論理思考』『競争優位としての経営理念』『[実況] ロジカルシンキング教室』『[実況] アカウンティング教室』（以上、PHP研究所）、『ロジカルシンキングの落とし穴』『バイアス』『ＫＳＦとは』（以上、グロービス電子出版）。その他にも多数の共著書、共訳書がある。
グロービスのナレッジライブラリ「GLOBIS知見録」（https://globis.jp/）に定期的にコラムを掲載。また、グロービスが提供する定額制動画学習サービス「グロービス学び放題」（https://hodai.globis.co.jp/）へのコンテンツ提供・監修も行っている。

仕事のアイデア出し＆問題解決にサクっと役立つ！
ビジネスフレームワーク見るだけノート

2020年2月21日　第1刷発行

監修　　　嶋田 毅

発行人　　蓮見清一
発行所　　株式会社 宝島社
　　　　　〒102-8388
　　　　　東京都千代田区一番町25番地
　　　　　電話　編集:03-3239-0928
　　　　　　　　営業:03-3234-4621
　　　　　https://tkj.jp

印刷・製本　株式会社リーブルテック

本書の無断転載・複製を禁じます。
乱丁・落丁本はお取り替えいたします。
©Globis Corp. 2020
Printed in Japan
ISBN978-4-299-00225-9